U0755672

郑重其事的每一天

姚瑶——著

四川科学技术出版社

图书在版编目（CIP）数据

郑重其事的每一天 / 姚瑶著. — 成都：四川科学
技术出版社，2020.6
ISBN 978-7-5364-9858-7

Ⅰ. ①郑… Ⅱ. ①姚… Ⅲ. ①生活方式－通俗读物
Ⅳ. ①C913.3-49

中国版本图书馆CIP数据核字(2020)第102658号

郑重其事的每一天
ZHENGZHONGQISHI DE MEI YI TIAN

姚瑶　著

出　品　人：程佳月
责 任 编 辑：张湉湉
责 任 出 版：欧晓春
封 面 设 计：仙境设计
出 版 发 行：四川科学技术出版社
　　　　　　地址：成都市槐树街2号　邮政编码：610031
　　　　　　官方微博：http://weibo.com/sckjcbs
　　　　　　官方微信公众号：sckjcbs
　　　　　　传真：028-87734035
成 品 尺 寸：128mm×185mm
印　　　张：7.5
字　　　数：150千
印　　　刷：鸿博睿特(天津)印刷科技有限公司
版次/印次：2020年9月第1版　2020年9月第1次印刷
定　　　价：48.00元

ISBN 978-7-5364-9858-7
版权所有　翻印必究
本社发行部邮购组地址：四川省成都市槐树街2号
电话：028-87734035　邮政编码：610031

晴日撑伞，雨天晾鞋，

起风了就出去，好的就藏起，

缓缓流长，又总出错，

可我喜欢这样磕磕绊绊的每一天。

不难, 不易

新年来临前，将家里彻彻底底地打扫了一遍。忙了整整两天，捆了几十个垃圾袋，用长长的拖把伸出去擦窗子，洗衣机几乎没有停下过。

扔了上百样东西，丢了十几趟垃圾，十几年前的旧物竟然还能被翻找出来。完成这一切，我与先生腰酸背痛地开了一瓶酒，蹲在厨房，都很疑惑，虽然扔掉了那么多陈芝麻烂谷子的东西，但这个家好像什么也没少，哪里也不空。并且，我们都知道下一次再扫除，仍然可以找出桩桩件件尘封的回忆，见光"氧化"。

原来家才是宇宙间最庞大的黑洞，远比窗外那个世界更丰盛、更窅深、更无涯。

喝完酒，我们在门口贴上亲笔写的对联，横批是大大的"世界和平"四个字，字写得非常幼稚，但贴起来非常快乐。

我虽然并不总是很快乐，但我非常容易快乐。

或许因为让我快乐的那些事物也都唾手可得，媒介得之不难，

那么获得一个快乐的结果也同样没有那么难。

季节变迁，季风来去，空中迁徙的云朵，连着书房的小阳台，囤满酒与牛奶的小冰箱，西郊的植物园，东四常走的一条小胡同，深夜里一次漫无目的的步行，偶尔独自做一些事情……我的快乐就在这些非常琐碎又不值什么钱的小事之中一个接一个地冒出来。

我总觉得，人与人的悲欢不相同，但有时候也相通。

有些快乐确实不同，比如买许多奢侈品，比如去北极海域观鲸，比如拥有无懈可击的爱情，比如徒步山林，比如飞滑翔伞或者潜入深海洞穴，它们无疑是人生中带来快乐的大事，但代价昂贵：可能是钱财上的，可能是能力上的，也可能是时间上的，很难复刻，需要筹措资本。

但还有许多微小的快乐一定是相通的，只要我们仰起头，就一定能看到一样的日月星辰，我们在各自的城市里一定有那么一个老地方，我们总能在一朵花开里看到千愁万绪，这些场景是那么寻常，也那么无偿。

生活的波峰与波谷不会每天反复，生活更多的是粼粼波光，是细细缓流，是一点，是一滴，从这些点滴里寻找快乐，一定不那么难。

只是无偿，生活还有另一种无常。

新年伊始，我还没来得及去花市抱回鲜花，一场突如其来的疾病就关上了每个人面前的那一扇门。

许多人的人生瞬息间翻覆，我们听了很多坏消息，我们日日期盼着好消息。这一刻，我想很多人一定都和我一样，被迫重新审视自己的人生。

从前总以为自己拥有的一切理所应当，有一处遮风避雨的屋檐，有可以依靠的家人，有热爱的工作，有去看世界的自由，而现在，我发现原来并不是这样。

我从前以为不难的那些快乐，其实才是真正的不易。

那些标好了价格的快乐，大不了我们不买。居家隔离的日子，突然发现，生活中好像真的不需要那么多额外的东西，缺了少了之后并不伤筋动骨。

可是那些来自世界的馈赠呢，一条路也好，一只依赖你的流浪动物也好，平静的家庭生活也好，朋友的陪伴支持也好，蓝天白云也好，如果这些纷纷消失，那我的生活还剩下什么呢？

原来，这才是无价的意思。所谓无价，是要用自己全部的生活来换取，来维系。

有很多人在说，疫情过去我想见谁，疫情过去我想做什么，疫情过去我想去吃哪家餐厅，疫情过去我要换一种生活。

疫情过去，也许我们就会开始认真对待生活里的细枝末节。毕竟，我们拥有的那些看似不值钱的一切，才是我们日复一日的生活里真正有可能埋藏着的幸福的矿藏吧。

姚瑶

2020 年春，于北京

夏
summer

春 spring

冬
winter

秋
autumn

春
spring

 **独处：**

声音沉默在喉咙里，但心里热闹又蓬勃

人与自己做伴时，会变得敏锐，能够注意到平时可能忽略掉的细枝末节，甚至游弋进很少潜入的一片深水区。

我总是刻意制造一些独处的时间，自己与自己相处，自己去做很多事情，不必开口说话，不必向人解释，声音沉默在喉咙里，但心里热闹又蓬勃。

　　比如自己逛街买衣服，自己逛书店，自己走很长一段路，自己吃饭，自己看展览，自己出门拍照。穿过一条一条小胡同，在按下快门的时候，可能想到的事情距离眼前的风景十万八千里。

　　我们活在过于密集的丛林里，楼宇很密集，人群也很密集，手头处理不完的琐事同样密集。我们被高密度的美好与失望包裹，孤独倒显得像一种求而不得的奢侈品。可很多时候，

我总觉得自己需要从这份密集之中抽身出来，按下消音键，需要一点时间和自己相处，和自己对话，才能重新回归某种平静，看清自己，也看清脚下正在走的路。

或许所谓"独处"更像一种驻足，仿佛爬山时对人说，你先走，我停一停。没错，我停一停，歇一歇，想一想，喝口水，吹吹风，总而言之，你不用等我，我要自己停一停，独自停一停。

林夕出版《毫无代价唱幸福的歌》这本书时，我曾采访过他。他写过的歌词算得上陪伴了一代人的成长，无论你喜欢陈奕迅还是喜欢王菲，你喜欢的那些歌多半都有林夕的身影。因为喜欢，所以面对面时我自然很紧张，而他又是非常沉默寡言的人，习惯低着头，笑起来有点局促，像个害羞的小男孩，这注定会是一场艰难的采访。

结果我们偶然聊到了"一个人看电影"这个话题，他忽然眼睛一亮，抬起头来，打开了话匣子，话变多了，变密了，不再是挤牙膏一样地应付陌生人抛来的问题，而是热切地想要表达出心声。他有话要讲，有情绪想要传达，笑容非常赤诚，依然像个小男孩，又迫切又羞涩。终于，场面不再像是单纯的业务采访，更像是两个恰好有相同爱好的人在舒服地聊天。

他说和朋友一起看电影当然也很好，但还是会自己去看，因为这两种方式所看到的电影是完全不一样的，哪怕看的是同一部电影，也绝对不同。你只有和自己去看，才有最纯粹的体会。你对电影的体会更纯粹，看电影这个举动本身也变得更纯粹。

我从未这样想过我们为什么要独自去看电影，但那一刻我忽然明白：原来如此，我们和朋友们约会，无论是吃饭、喝咖啡，还是看电影、逛街，重点都是见朋友，与朋友分享，同朋友交流；而独自一人时，才是真的去吃饭、喝咖啡、看电影，重点才是你做的这些事本身。

人与自己做伴时，会变得敏锐，能够注意到平时可能忽略掉的细枝末节，甚至游弋进很少潜入的一片深水区。

读高中时，我会在大课间时溜进学校里废弃的操场，爬上梧桐树，坐在粗壮枝干上能看到隔离在公路之外的铁轨，冒着浓烟的火车呼啸着驶过，我很想知道它会通往哪里。

晚自习之前的傍晚，我会独自沿着铁轨走很久，铺天盖地的夕阳和暖风，它们与那条铁轨一样，都来自我看不到的远方。

我的地理很好，我熟知每一条洋流的名称，每一阵风的来源，每一处平原与湖泊，我是那样熟悉它们，却从未见过它们。

想要离开、想要去远方的心情或许是那个时候落地生根，在血脉里攀援而上，开出别人看不到的花朵。

但我并不着急，浸泡在每日缓流的时光里，做一些枯燥的事情，等待时间带来的化学变化。很早的时候我就知道等待的力量，无论是栽种植物，阅读书籍，计算一道解析几何题，临摹一幅油画，还是写一些东西，爱一些人，都需要耐心，才能等到最后的结果。

这都是我独自坐在树干上或者走在铁轨边时学到的人生一课。

一个人静静坐着望向远处，好多难题仿佛都能迎刃而解，不再是困扰。

大学时，最喜欢去的地方是学校隔壁的国家图书馆。没有课的下午就背上包出门，没什么具体的阅读目标，只是安安静静在阅览室转上很久很久，而后找个位置坐下来，看书，查资料，或者写论文。

后来国家图书馆开了新馆，阳光炽烈的时刻，玻璃穹顶有遮罩缓缓闭合，等到夜晚便再度打开。我很喜欢遮罩开合的时刻，很多人和我一样，仰着头，静静观完整个开合的过程，好像深海里的鱼群看见了水面之上的天光。下雨的时刻，雨点砸落在透明的穹顶之上，无声却有力量，凝视滂沱大雨的坠落，那种感觉非常奇妙。

夜晚踩着一路灯光走回学校，每个季节的风吹在脸上的感觉我都记得，也记得心中某一瞬间的轻盈与满足。

也是在念大学的时候，会一个人坐很久很久的地铁，再转很长很长的公交，去京郊山里的古老寺庙。有时山路上晨雾未散，太阳一点一点地融化掉洁白山雾，心里总有莫名的开心与开阔。

可能我并非真想去那座寺庙，我需要的只是漫长的车程，漫长的清静。那时年纪小，心里想的是世界大同，各处相差无几，逃进了山门之后，还能逃去哪里呢？车行在山路上的时候，心里默念的是小时候背过的古诗：

　　杳杳寒山道，落落冷涧滨。

　　啾啾常有鸟，寂寂更无人。

　　淅淅风吹面，纷纷雪积身。

　　朝朝不见日，岁岁不知春。

可能就是这些独处时千头万绪的念想，才有了今后作为一个职业写作者的生活。

独自看电影，在中关村的书店里打发一整个下午，都是我学生时代的家常便饭。

常去的那家书店名叫"第三极"，四面落地玻璃窗，木质地板，在寸土寸金的中关村占了整整三层楼。或许因为环境好，所以独自去那里的人很多，许多人都是席地而坐，埋

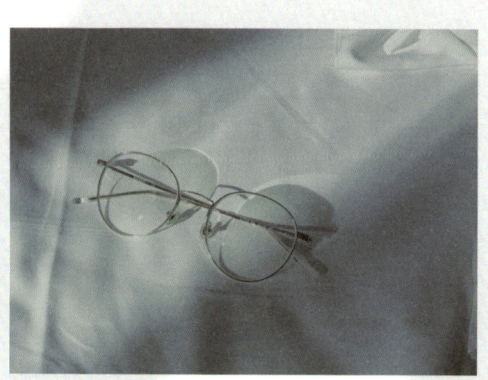

头读书，读上一整个下午，读到太阳西斜，华灯初上。

不知道当时的"第三极"如果像现在的实体书店一样以经营咖啡为副业，能否躲避关门停业的命运。

大学毕业那一年，这家书店不复存在，我真的难过了很久很久。书店的会员卡我一直保留到现在，仿佛是为无从证明的回忆留下一点物证。

有时候呢，并不一定要去什么地方，只是挂上相机，出去"扫扫街"。住处附近的每一条路可能都走过了千百遍，每一个指示牌都了然于心，红绿灯的秒数也能倒背如流。常常迂回穿行的小胡同，夜晚的小吃摊，我一面走一面拍下一些画面。也许此前已经拍过很多很多次，但对我来说，这些画面，每一次都是新的。

天气好的时候，就跳上没什么人的公交，一直坐到终点站，再坐回来，把手机里的歌听上一遍，眼睛被阳光晃得困倦，心里好像有一潭温柔的水在轻轻摇晃。能够狠心挥霍一下时间，只花在自己一个人身上，我觉得这才是真正的奢侈。

还有些时候，就坐在路边，喝一杯奶茶，看人来人往，听到城市的声音从四面八方涌来，一下子填满胸腔。

孤独并不可耻，孤独有它的美好。

其实孤独也是生活里不可或缺的必需品，它可能不够甜腻，不够刺激，甚至有点微苦微酸，但，必不可少。虽然很多时候孤独总是顶着负面情绪的面目出现，却总能解决我们大部分的情绪问题。

在独处时，我们无须顾及其他，甚至连自己也不需要顾及，只需要顾及我们眼前和手中的一切。

如果我需要一个人闷上一会儿，那我就果断把自己关进书房。不想说话的时候就不要说话，不想笑的时候就不要笑，这和吃饱了就不要再强塞硬撑是同样的道理。所以想一个人待一小会儿的时候，就马上把自己关起来，满足自己的愿望。

想要发呆就发呆，想痛痛快快哭一场就哭一场。想发脾气，那就发脾气。

关上门尽情发泄之后，也有很多事可以做。

练一小会儿尤克里里，唱两首喜欢的歌，管他着调不着调呢，反正没有听众也没有评委。

画画、做手账，甚至坐下来给自己写一封信。哪怕翻出过去的日记、稿件，慢吞吞地翻看，年岁不高也可以怀念一下往事。

做这些事情的时候，就好像把自己浸在了清冽的河流中。闭上眼睛，慢慢地随水浮游，听指针的声响，听隔壁电视的声响，听屋外的脚步声响，听横贯家中的各种管道的声响。再睁开眼，就可以重回热热闹闹的现实。

我想独处，并不代表我不快乐，我很快乐的时候也可能

想自私地与自己分享一会儿。

要有独处的勇气，有孤独的魄力，才能有这正轮廓清晰的那个自己。

无论如何，在还年轻的时候去独自做一些事情是必要且重要的。独自去很远的地方念书，独自居住，独自解决生活里的大小难题，假装不需要其他任何人。独处时候的体验、经历，对我们如何看待自己、如何看待他人，甚至如何看待万事万物，都至关重要。

毕竟，我们只有先学会了接受自己，才能接受他人，也只有先原谅了自己，才能原谅他人。更要先处理好属于自己的时间，才能处理好要分享给他人的时间。

所以独处大概已经成了某种根深蒂固的习惯，即使和喜欢的人在一起，我也不能放弃这份独处的空间。婚后这份独处显得更为珍贵，也是我与先生的共识，我们一定要有属于自己的时间，属于自己的空间，保持住内心那个独立的自己，才能真正拥有属于两个人的生活。

我想，家人也好，朋友也好，无论同任何人相处，道理总是一样吧，我们不该强行融为一体，而是应该努力去保护对方的独立与完整，像世间万物一样，用彼此完整的内心世界去共同搭建一个更广阔的世界。

独处 🏡

年　月　日

植物园、

植物与文字，它们要安慰的人都在很久很久以后

我好像，总是依靠植物园确认我所在的这座城市的四季流转，寻找一些简单却让我迷惑的生活答案。

四月花开的时候，北京是好看的。

是哪种好看呢，就是诗里说"最是一年春好处，绝胜烟柳满皇都"那种好看。城市的铅灰冷硬在一夜春风里悉数消融，一切都柔软了下来。

北京这座城，这些年来似乎越发与好看背道而驰。整齐划一的招牌，统一粉刷复原的胡同，道路宽阔齐整，人躲进地铁的脉络里流动，这个庞大的城市需要讲究功能、效率，没有余裕拨冗给好看二字。仿佛生活在这里的所有人终其一年都在等待一场初雪，让北京变回北平，变回老故事里的老北京。

在这座处处讲究"有用"的四方城里，我们依然期待那么一丁点"无用"的好看。

但四月的北京，不用苦苦期盼，一夜之间便能用一树一树花朵淹没掉宽阔到荒芜的道路，仿佛没有新叶抽芽作序曲，也没有一颗一颗花苞在料峭春风里挣扎缱绻，某天随手披上风衣去便利店，或者扭头看一眼车窗外，或者清早推开阳台的窗通通风，忽然发现，所有的花都开了。

连小区大门都不用出，便能数出玉兰、桃花、榆叶梅、樱花种种，一捧一捧压在春日的枝丫上，那么密，那么沉，仿佛永远也开不完，开不尽，像捂着一个惊喜压抑了三冬，终于能大喊一声"surprise"，悉数奉上。

曾经的大学校园里有一棵西府海棠，"怒放"这个词我

向来只觉得这棵树才配。就那么独独一棵，立在某栋颇有年头的三层小楼边，像镇守校园角落的一道符咒。海棠花开得密不透风，才压得住华北平原春天肆虐的西北风，风里抖一抖纤薄花瓣，不染风沙，又骄傲又沉稳。

每到海棠花开的时候，我就知道，我又要横穿整个北京城，去西郊的植物园了。

北京很大，在北京住久了，若目的地在十几公里左右，这通勤距离简直近得足以感激涕零。北京又像是血管流速缓慢的老人家，一个多小时的飞机之后我已经和远在哈尔滨的好朋友见了面，而一个多小时的车程之后，我还堵在去往东四的路上，迟迟拿不到医院的核磁结果。所以，在天大地大的北京城，很多地方去了一次就不会去第二次，有些地方不过打了个照面，连一面之缘或许都算不上。而更多的地方，则是一次都未能涉足。

我在北京生活了十三年，久吗？也许够久了。可我真的熟悉它吗？也许是真的不够熟悉吧。称得上熟悉的地方，或许不消两只手便数得清楚，植物园一定在其中。依着我对熟悉的定义，必须是每一条路都认得，每一个季节都熟悉，一去再去，已经数不清究竟去了多少次，那我确实是熟悉植物园的。

四月的花朵像可靠的闹钟，花一开，心里便蹦出"该去植物园"的念头，于是又开始了新一年反复去植物园的循环。

虽然我认不全每个季节潋滟盛放的花朵，可一季又一季，一年又一年，反反复复地登门，也好像彼此都熟透了一般。

春天的植物园最热闹，有谁脱下冬衣，不想靠近一朵明媚的花？

植物园里最好看的花朵全在高处。在英文里，"blossom"这个词专指开在树上的花，一定要开成一簇簇，一团团，彼此拥挤推撞，开成火焰或云朵，开在空中，只能仰望，不能触及，比如樱桃树、苹果树、梨树，它们开出的花朵才能叫"blossom"。有时我会想，这些繁花盛开的树木，这些以高远蓝天做背景的花朵，虽然花期过后，明年还会开出一样浓郁繁茂的花朵来，可那些花朵，或许已经是全新的生命了吧，它们或许，并不是此刻开始慢慢掉落的这些花朵，这大概就是一年一度，一期一会。

七月的植物园是无尽绿，无尽夏。随便捡一处林子，找枝叶最绵延的一棵树，借树下的阴凉，躺下来，顺理成章模糊掉平日泾渭分明的时空，时间的流逝不再有意义，只有风吹过树顶的声音才构成了闭上眼睛之后的世界。一阵风，再一阵风，没有规律，但不停息，和夏日的滂沱大雨一样，好像只能用"哗啦啦""哗啦啦"这样的拟声词去形容，好在，它们都是属于夏天的最好听的声音。

只需要这样一个闭着眼睛听风的下午，就能弥补无数个睡不着的夜晚。

秋日只有在植物园才能一脚踩上厚厚的落叶与松针，芦苇白茫茫地随风倒伏。秋天像个短暂过渡的大陆架，一场温度的滑坡之后，压在北纬四十度线上的植物园，湖面窸窸窣窣地结起了厚厚的冰。阳光下的冰面大概是天空的镜子，所以泛着蓝色的光，冰面之下有一朵朵凝固的气泡，也有如叶脉一样细密的纹路，若是放大来看，也并不比宇宙简单多少吧。连一块冰之中也有一片完整的世界。

　　我好像，总是依靠植物园确认我所在的这座城市的四季流转，寻找一些简单却让我迷惑的生活答案。

　　说起来，也并非专为看植物而去植物园，从不学专业的风光摄影师，为拍一张梦幻的好照片苦苦守候樱桃沟的白雾，也不会架着三脚架，等待某一瞬特殊的太阳光。若说有什么一定要去看的角落，不是某个园子，也不是某一棵树，而是卧佛寺。

从植物园的北门进去，是一条长长的直路，径直通往卧佛寺，路上会经过热带植物馆，还有诸多岔路，但去卧佛寺，只要往前走，走着走着便能看见夹道的古松和古老的石板路。

北京有这么多的寺庙壁画与造像可以看，为什么偏偏要去卧佛寺呢？我也不知道是因为它恰好就在植物园，还是去的次数多了反而更像专为多看一眼那尊睡佛。虽然不能靠近，可我在被隔开的殿外看到横躺着的大佛，姿态和神情都缱绻极了，像流水一样，幻化成怎样的形状都可以，自在又温柔。有时我忽然想去看看他躺在那里的样子，偶尔去时还没过十一点，香炉未封，白色的烟雾，红色的烛火，周遭是新年的积雪，春天的新芽，夏日的阳光，秋天的落叶。有时在廊檐下静静

坐上一小会儿，飞檐下的铃铛微微一晃，千余岁的婆罗树抖下一片叶子落在脚边，欢欢喜喜地捡回去夹在书里。

久而久之也忘记是夹在哪本书里，但每回整理书架时，总能随手翻开一本旧书，看到捡回来的叶子。时光也像流水，总被外物赋予形状，而后封存，等待再一次被打开，被浏览。

我总觉得，植物与文字，它们要安慰的人都在很久很久以后。

或许我得到了许多难以名状的安慰，所以总要回到这里来。又或者，我喜欢的是抵达这里的漫长路途。

十年前还在念大学，路过那棵兀自盛放的西府海棠，便突然冒出了去植物园看看的念头。于是次日早早起床，天光未亮，在空无一人的水房里安安静静洗漱。

清晨的校园人很稀疏，高高白杨树上的鸟鸣却很密集。出了校门，在中关村南大街坐 563，一直坐到植物园门口。这一路要花上两三个小时，一共二十四站，从喧嚣入荒凉，过了西苑医院，井然有序的忙碌城市就此结束，道路失去了坚挺的形态，村落若隐若现，车也少了，人也少了，空气里有了冷冷清清的好闻气味。多数时候都是自己去，冬天的清晨，听一路喜欢的音乐，在氤氲水雾的车窗边看天空亮起。冬天的太阳，总红得苍凉些，说残阳如血，旭日何尝不是。

但冬天总会过去。四月总会花开。时间的门打开，季节你来我往，人却总耽溺，肃杀或蓬勃，不是一块冰或一朵花

的本意，总显得人自作多情。

　　可我难免自作多情，总想着，植物有植物的世界，人也有人的世界，每一季的花不同，身边的人也不同，凡是活物，因缘际会，都说不准。哪怕是一朵花，也许都应该好好打招呼，好好道别。

植物园

捕云、

在云的寂静之中获得平静与诗意

升腾的云朵搭载了我们的情绪，也消解了我们的情绪，为我们的胸口又腾出了空隙，让我们能深深喘上一口气。

想和迎面走来的每一个人打个赌，赌他的手机里一定有一张天空的照片，照片里一定捕捉了一朵独一无二的云彩。

念高中时，有照相功能的彩屏手机刚刚出现，某天中午，我放学回家，发现茶几上摆着妈妈刚拆开的新手机。我兴奋地抓起手机跑下楼，对着晴朗的天空一口气拍了几十张照片，定格下的是湛蓝晴空，蓬松如棉花般的云朵。

那个时候我也刚刚开始使用网络博客，中午吃完饭我就挑了十几张照片传到博客里，起的标题是《春日晴空，云朵缱绻》。那时简直以为自己拍出了惊天动地的大片儿，极其得意，极其宝贝，还蠢头蠢脑地在博客里写"禁止盗用照片"。

如今我已经不好意思回头去看小时候写的博客，也不忍去看那些毫无技术含量的照片，但照片里的天空依然壮阔、绝美。

所以，是那样绵软的云朵本身太上镜，才会让我以为自己拍下了多么了不起的照片。

到如今我还是很喜欢朝着天空按下快门。云朵变幻莫测，云朵从不重复，云朵永恒如新。无论白昼黑夜，只要抬起头看云朵无声掠过，人就能跟着轻盈起来，仿佛也在空中，随着那一团团白色的梦境一起行向远方。

我的相册里有很多云的照片，其中有不少拍摄于全国各地甚至世界各地的万米高空，那是看云的另一种角度，是云的另一面。

从静止般的平流层看下去，云层有时像连绵起伏的雪山，烟尘滚滚；有时像一朵一朵精致的海浪，活蹦乱跳；有时像咖啡表面漾开的牛奶，丝丝滑滑。

　　在海南岛的环岛公路上，黑压压的云像一面阻断天地的高墙，一路裹挟狂风暴雨跟在我们的车子后面，穷追不舍，仿佛灾难片里的场景。

　　在长白云之乡新西兰，躺在湖边看云的千变万化，看云色深浅浓淡，看东边日出西边雨。乌云袭来的时候，像外星人的降临，黑压压落在头顶，若是仰头去看，好像随时能被吸进浓密的云团里去。

　　我尤其喜欢在夜晚看云，晴朗深夜，云像古老的鲸，漫游深海，我常常在深夜散步时驻足仰望，不敢出声，总觉得它会偷偷看我一眼，再自顾自迁徙漫游。

　　我很喜欢看云，但我并不了解云，甚至没有想过每一朵云的背后可能都有自然界一次惊天动地的巨变。直到有一次下了飞机，在机场和做民航飞行员的老同学匆匆见了一面，他忽然指着落地窗外的天空说："你看，那是悬球状云，是形成于暴风雨之后的云，如果看到这样的云，我们就知道风暴已经过去了，是安全的，虽然这种云长得有点可怕。"

　　我惊讶地盯着阴沉天空中密布的云团，"所以飞行员还要这么了解云彩？"

　　"当然，我们必须熟悉每一种云所预示的天气状况，才

能判断情势，安全飞行啊。"他又说，"你知道每一个云球的直径都有一到三公里吗？"

原来悬浮在我们头顶的云层，看起来小巧，漂亮，甚至轻薄，却分明是直径上千公里的庞然大物。

大概是见我有兴趣，临别时他告诉我，有一个叫赏云协会的组织，如果想了解云彩，观赏云朵之美，可以了解一下这个协会。

于是我就找到了《云彩收集者手册》这本书，是赏云协会的官方出版物，是一本对云朵一无所知的门外汉也能随身携带的观云手册，用最简洁明了的方式囊括常见的 46 种云彩及一些特殊光学现象，让完全不了解云的读者也能对照图片和讲解迅速入门。

在盲目拍了这么久的云之后，我终于往前跨了一小步，对云彩有了那么点小小的了解。

读这本书时，我总是不由自主惊叹，原来那些形态最缱绻、最美妙的云就是卷云，原来我曾见过神奇的幡状云，原来出现某种云就一定会下雪，原来雾霭和云朵只是因为离地远近不同，所以有了不同的名字。

了解云的过程并不枯燥，反而总有知其所以然的惊喜。

我常常带这本小书出门，走在路上时不时仰起头，看看天空里是否有云朵的踪迹，有便拿出书来对照，像极了按图索骥的捕云人。

闲来无事，也会翻出存在硬盘里的照片，一张一张对照曾经拍下过的云朵，辨认它们的种类，寻找它们的名称，一一辨别对应，了解它们的成因及所预兆的天气变化。同时也惊叹自然造物的独一无二，我们总能在流水线上造出一模一样的物品来，可自然之中，永远也没有一模一样的云。

如果我们不从事相关行业，这样的知识似乎并没有什么实际用处，但多了解一些我们生活的这个世界，多一种观看天地的视角，可能是无用，但又很重要，大概这就是所谓无用之用吧。

其实知识也不冰冷，并不会因为一条条科学解释而解构掉云朵本身奇幻的美。

每当我仰头看天，面朝广袤苍穹与庞大云层，想象云朵如此遥远，又如此辽阔，心便跟着盛大而开阔起来。想象云朵迁徙，形态万千，可能随时消散在空中，也可能随时降落成一场大雨，有些雨倾盆而至，有些雨蒸发在半空，但终有某一刻，这些散落在世界角落的水汽又会慢慢凝结，重新汇聚成空中的一朵云彩。

关于云的知识告诉我，不断变强的风搅动夜间形成的雾，雾从地面抬升至空中，就成了层云，也就是我们偶尔见到的那种灰白色如雾霭般的低云。

这个过程在我心中是一种近乎荡气回肠的浪漫。

云的盛大，往往对照出地面之上我的渺小。可我很喜欢这种渺小感，人生有太多的难题就是因为忘记了我们的手没有那么大，抓不住那么多东西，接不住那么多期待。我更愿意摊开手心向上，这样就好像拥有了整片天空。天空是庞然大物，我呢，细如微尘，只有这样的时刻，才懂得以谦卑与敬畏的姿态看世界的美妙。

因此赏云协会的创始人加文才会说，云的吸引力绝不止于科学术语所表达的范畴，真正打动他的是云彩所蕴含的诗意。他说："云是一种极富诗意的存在，就像人的感情瞬息万变，这群追着云跑的人未必能够改变世界、推动文明进程，但这种淡泊无为也恰恰是人们当下极为稀缺的生活状态。"

这段话翻译成《菜根谭》里的名句，便是"宠辱不惊，看庭前花开花落；去留无意，望天上云卷云舒"。

我当然不是一个追着云跑的人，我们也不是非要把自己变成狂热分子才能从看云这件事中获得乐趣。生活中多一些浅尝辄止的解压偏方，总归是好事。

自然的慷慨就在于它的公平，在于我们不需要做任何事情，不需要去任何特定的地方，只要随时抬起头，就能看到天幕开启，流云游弋。也同样在于，无论我们在世上任何地方，只要抬起头，永远能看到云在青天，并总能因此获得惊喜，获得安慰，也在云的寂静之中获得平静与诗意。

云的诗意是什么呢？可能是"闲云潭影日悠悠，物换星

移几度秋"，也可能是"浮云连海岳，平野入青徐""明月出天山，苍茫云海间"。幼时背诗便觉得云很玄妙，人的开朗或惆怅，都能用云来寄托，用云来表达。

所以看云，或许是人与生俱来的一种天赋。后来学画，依然有这样的惊奇，凡·高画中的云是怎样，莫奈画中的云又是怎样。某年去皖南旅行，遇到许多学校组织美术生去写生，上百个学生散落在古镇的各个角落，虽然是画建筑，画湖光山色，但背景一定有一方天空，还有一抹云。即便面对同一片天空，每一个人画的云又都是那么不同，有些明媚，有些颓丧，有些浅浅几笔，有些浓墨重彩，它们都有情绪，它们都是一面小小的镜子，照见画下它们的人。

可能，在观云的那个瞬间，我们所有的情绪都寄托到了那一朵云上，可以随云朵被风吹走，也可以落成一场滂沱大雨，可以噼里啪啦砸落在脚边，也可能未及落地便在半空蒸发干净。

总之，升腾的云朵搭载了我们的情绪，也消解了我们的情绪，为我们的胸口又腾出了空隙，让我们能深深喘上一口气。

也许缓缓迁徙的云朵并不知道，我们人类总在仰望它时心中汹涌澎湃。又或者，这一切，也只有云朵才知道。

捕云

年　月　日

夜航、

预料之外的馈赠就像夜间的航班

机场或车站，都是如此奇妙的一道门，而午夜时分与等待的陌生人一起滞留候机大厅，或于夜空中呼啸而过，都让随遇而安变得更容易接受了些。

五月里的某一天，广州机场因为天气原因航班大面积延误，我与朋友的回京航班从晚上八点一直拖到了夜里一点。

好在，我们都经历过彻夜等待，航班取消，一推再推，所以也不着急，气定神闲坐在落地窗边，各自开了电脑工作，忽略嘈杂的人声与广播通知。

工作累了，我们便去买咖啡喝。那一天是朋友的生日，我举起咖啡杯同她碰杯，祝她生日快乐。她望向停机坪，说真是没想到，竟然要在万米高空过一次生日。

登机，等待，已经是凌晨一点过后，就在我们扣安全带的时候，空姐忽然端着两块小蛋糕走来，核对朋友的姓名，祝她生日快乐，并送上了可爱的蛋糕。

我吃了草莓蛋糕，朋友吃了芒果蛋糕，飞机在夜幕中缓缓推出，几个小时的煎熬被一口甜味安抚了。

这种预料之外的馈赠就像夜间的航班一样，温柔，甚至有点安慰。

机舱服务时段，有人要酒喝，有人安静地吃着面包，我看向窗外，只能看见自己的脸模模糊糊地映在舷窗上。

时常夜深人静时在小区里散步。我住的小区离机场只有十几公里，每隔几分钟便能看到深夜航班从空中掠过，有的飞行缓慢，像盘风的鸟，自在缓行；有的则全速飞过，很快消失了踪影。

每当看到飞机划过夜空，难免有些出神，空中的那些人

是回家还是离家？此时此刻他们在做些什么呢？是望向窗外的无边黑暗，还是裹着毯子睡去？也可能打开头顶的小夜灯，就着微黄的灯光，看掉半本小说吧。

原本我有些抵触夜航，心里总有些莫须有的担忧，而且白昼的高空，能看到千变万化的云朵，像一个空中的世界有雪山也有海浪，可夜晚的天空几乎什么都看不见，浓浓的黑色之中只能看到飞机自己的红色灯光平静闪烁，多么无聊。直到许多年前的一个夏天，从深圳返回北京的航班从下午延误至深夜，那是我第一次在零点之后搭乘飞机，却因此喜欢上了夜空里的飞行。

由于北京雷暴，我在深圳机场滞留接近七个小时。因为没有确定的航班消息，所以哪里也不能去，只能坐在登机口外的椅子上，打开电脑处理工作，完成工作便打开文档写作，一直写到电池支撑不住便关机看书，看完了一本朱天文的《世纪末的华丽》。偶尔抬起头来，能看到落地窗外停机坪上无法起飞的巨大飞机，心里竟也没有半分焦躁与急迫，也不觉独自一人无聊寂寞，反而有点喜欢这样滞留在半路上的时刻。

那是九年前的夏天，我刚刚毕业，在腾讯工作，所以要去深圳总部参加毕业生培训。

在深圳的十天里一直封闭培训，并没有去旅行或观光，只有不期而至的雨水，翻涌的云朵，看得到的远山与看不见的海面，以及写作、电影，还和将来可能不会再见面的同事们玩"杀人游戏",仿佛与世隔绝。我们这些刚刚毕业的小孩子或许都没想到,那是进入成人世界前最后的挽歌,是最后的学生时代与少年心气。

学校在处理我的户口问题时出了些差错,需要我自己去解决,因此接到学校打来的电话后不得不提前回到北京。脱离了培训队伍的我,仿佛只是来度过一个莫名其妙的假期。

当时,对这个亚热带城市的唯一印象全部停留在车窗掠过的一切,婉转道路,茂盛植被,干净,整洁。

我在酒店与大家告别后独自打车去机场,热情的司机师傅说,我们这里啊几乎没有任何会变黄落叶的乔木,这是一个只有冬夏的南方城市。可我想,他们所谓的冬,也只是北方连凉飕飕都算不上的春日吧。那时候的出租司机才是一个城市最资深的导游,一路上师傅侃侃而谈,譬如哪里最繁华,哪里最值得一去,说深圳房价也很高,香港人来买房的极多。说你看路边,那就是荔枝树,那是芒果树,成熟结果的时候很多人去路边用竹竿打下来,直接回家去吃,还有人去卖。想起不久前公司从深圳空运来的桂味荔枝,味道厚实甜美,我吃下了整整五斤。想到大家在路边打芒果、打荔枝的样子,觉得滑稽又不可思议,不知道师傅是不是在逗我。

候机大厅里,很多旅人手中也都提着成箱成箱的荔枝,大抵都是要回去相送。

两点多我便来到机场,熬了整整七个小时,终于安安稳

稳坐上了飞机，坐在靠近硕大机翼的位置。

　　就这样，我忽然获得了人生中第一次夜航的经验，还是在沿途有剧烈雷雨的天气里。当航班穿过浓密的云层飞行在平流层时，狂风暴雨瞬间消失无踪，一个云层之上平静而晴朗的世界忽然降临，月轮清楚而明亮，一路随行，光影重重，照射机翼下方翻涌的云朵，无声而壮阔。大约是在经过河北的时候，云朵堆积碰撞，电闪雷鸣铺天盖地，我瞪大眼睛看着窗外雷电交加，电光火石，却听不到一丝声响，觉得这世界真是激烈却又寂静。

大多数旅客都与我身边坐着的女孩一样，裹着毯子沉沉睡去。空姐安静地走过去，低声絮语，在暗淡的机舱里，她们的样子很美。

　　我被惊心动魄的夜空震撼，毫无睡意，于是看了一部电影，《浓情巧克力》，看完才恍然，原来男主角是约翰尼·德普啊。

　　飞机降落时，我总觉得灯火通明的城市近在咫尺，仿佛沙盘模型，要被这庞大的机器碾碎一般。

　　错觉只是错觉，我终究还是在七月的末尾，平安地从遥远的南方回到了北方。

　　要不了多久，天或许就快亮了，因为罕见的雷暴天气，全国各地的抵京航班都遭延误，大家在凌晨的雨水里抱怨着

等待出租车，我也排在长长的队伍中，一点点往前挪动，终于穿过呼啸车流，坐进了回公寓的出租车里。

在潮湿的夜色里，我穿越了半个北京城，从东至西，司机兴致勃勃，说再拉一趟就可以收工回家了。这就是一路上他同我说的唯一一句话，其他时候他都用一台不像手机也不像无线电的设备与共同出夜车的朋友聊天，并不搭理我。

后来我搬到了东边居住，每次从机场打车都要背负极大的心理负担，因为距离很近，免不了要被司机恶狠狠地抱怨几句。有时觉得委屈生气，有时又觉得可以理解。多数时候，生活就是这样吧，我们都有点无辜，也都没有做错，却伤害了别人也被别人伤害。

那是2011年的盛夏，还弥漫着末日情绪，人们担心"2012"的到来，但"2012"终究没来，又免不了失望。我们好像总是伴随着一些毁灭性的传说，战战兢兢地抓紧活着，抓紧谋求着幸福。

2016年，从柬埔寨回国时也是一班夜航，酒店退房之后有整个下午的时间要打发，于是便在暹粒街头走走停停，喝喝酒，喝喝咖啡，吃吃路边摊，逛一逛市场，最后是带了一本柬埔寨语的《小王子》和几张明信片去的机场。

抵达机场已是深夜，候机厅没什么人，大部分商户也已经歇业，我偶然发现有一个小小的邮筒，还准备了圆珠笔，于是就趴在邮筒上，一一写好明信片，贴上邮票，小心翼翼地塞进邮筒，不知何时抵达远方朋友的手中。

这班飞机旅客不多，除了我与先生外只有一个来自上海的旅行团。机舱里空空荡荡，灯光昏暗，我就着夜灯翻看了一会儿全然看不懂的《小王子》，靠在窗边发了一会儿呆，喝了杯牛奶，毯子盖在身上，睡睡醒醒。去机舱尾部的洗手间也不用担心众目睽睽之下的尴尬，是白日旅途上几乎无法拥有的自在。

若是跨越十几个小时的空中旅程，便有横穿晨昏线的可能，自白昼入黑夜，或自黑夜入白昼，像亲眼见证了自然施展的魔法，拥有了难得的上帝视角。

还记得从新西兰回程的飞机上，我发烧，咳嗽，冷得裹了三层毯子，吃药，不停喝水，竟然还看掉了半本从机场买的英文小说。身体不舒服，机舱环境却更让人不舒服，所以翻来覆去睡不着，看书累了索性就看电影，迷迷糊糊地看了《斯坦福监狱》《火星救援》《杀人回忆》，虽然人虚弱又不清醒，可电影里的一幕一幕却清清楚楚地印在了回忆里，伴随着机舱里黯淡的光线和窗外明灭的天空。

从贝尔格莱德回北京时，深夜在阿布扎比转机。我们的航班还没落地，转回北京的航班就已经开始登机。阿布扎比机场是个大机场，地方大，人流量大，安检严格，我和先生在机场工作人员的帮助下一路冲刺狂奔，终于没有延误后续航班。双腿打软坐下来时，像蒸了一次桑拿，于是两个人像

痛饮啤酒一样连连喝下好几杯冰可乐。

夜晚的航班给过我许多记忆里微光闪烁的片段，像卖火柴的小女孩划亮一根火柴，得到一幅图画。画中都是在路上的不确定，离开与奔赴的气味在夜空中流动，无论去远方还是归故乡，我们走同一个登机口，从同一个地方启程，经过同样一片星空。

机场或车站，都是如此奇妙的一道门，而午夜时分与等待的陌生人一起滞留候机大厅，或于夜空中呼啸而过，都让随遇而安变得更容易接受了些。

夜航

年　月　日

夏
summer

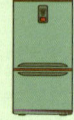

冰箱：
黑夜里可以随时点亮的一盏灯

生活中某些片刻的柔软，就像是天亮之前拉开
冰箱门的那一刻吧，它能给你一杯酒，给你一口甜，
在你的脸上投下微黄的一点光。

从旅行箱里拿出那张大大的油纸地图时，先生有些幸灾乐祸地望着我：倒要看看你能贴在哪里。

这是一张亚得里亚海的古老地图，广阔海面被海妖与海盗占领，四分五裂的大陆上印着我看不懂的古老字母。如今，地表的每一尺每一寸都被人类点亮，海的尽头是陆地，世界的尽头是古老冰川，没有未经之地，没有魔法森林，探险家不会再被海妖的歌声迷惑，可我们依然幻想这世界可供我们继续冒险。

我展开这张从黑山共和国带回的地图，在屋子里寻寻觅觅，想找一个可以安置它的地方，一个安放冒险之心的地方。

确实，我还能贴在哪里呢？

书桌前的墙壁上已经贴了一张更大的世界地图，地图旁边是同样大小的留言板，密密麻麻钉满了我的工作便签和各有意义的卡片。客厅的墙壁上呢，不是置物架就是照片，也没有这张地图的一席之地。最后，我的目光落在了冰箱上。

冰箱的正面虽然挤满了冰箱贴和明信片，但是侧面干干净净，纤尘不染。我犹犹豫豫地拿起地图比画了一下，竟然不偏不倚，刚好就是冰箱侧面的尺寸。我便用同样来自黑山科托尔峡湾的冰箱贴，将这张羊皮色地图干脆利落地变成了冰箱外壳的一部分。

这个贴满了世界各地冰箱贴与明信片的冰箱，本身就是一张充满大冒险意味的地图。

我是不爱进厨房的人，对热腾腾烟火气的生活，先生比我更热衷，也更有耐心经营一日三餐，用柴米油盐表达对我们这个家的爱。因此厨房是他的领地，锅碗瓢盆的位置，米箱面箱的藏身处，各种奇怪电器的使用法则，都掌握在先生一人手里。每当他在灶台水槽间来回打转时，绝不允许我与猫踏进厨房半步。

所以，厨房里唯一和我相熟的物件大概就只有冰箱。恰好，我也很喜欢冰箱，与它互动频繁，两不相厌。我的生活里，就算没有了厨房，也决不能没有冰箱。因为，冰箱的温柔并不属于先生这种厨房里的强者，它的温柔是专为我这种弱者而展现，就像黑夜里可以随时点亮的一盏灯，在"无"中照亮一小片"有"。

因为我对这一小片"有"格外看重，所以干脆搬回家一台使用权归我所有的冰箱，在厨房重地闹起独立，占山为王，将安全与安慰双双冷藏。

曾有朋友随手拉开属于我的小冰箱，面对塞满冷藏室的啤酒和一升装的牛奶哑口无言。

一点吃的东西都没有吗？

没有。

夏天的冰箱永远有取不尽的冰啤酒和冰牛奶，总能把冷藏室塞得满满当当，不留一丝空隙。

多数时候，忙完一天的工作已经过了凌晨。推开电脑，

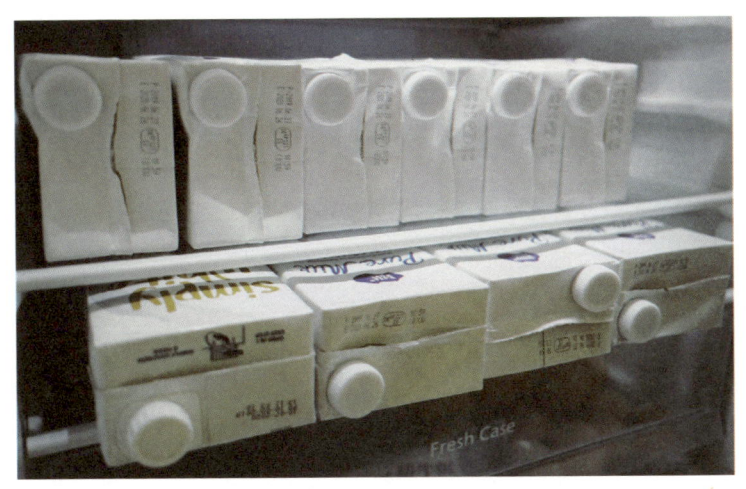

伸个懒腰，留下书桌边最暗的一盏灯，从冰箱里随手取出两瓶啤酒，蜷在沙发上看电影，或者坐在窗边看着对面楼道里的灯忽而亮，忽而灭，一口一口，喝掉一整天的枯燥与疲惫。

夏日的夜宵总少不了先生做的小龙虾，热火朝天地将茶几当作路边摊，两个人也能玩些推杯换盏的小游戏。总觉得吃虾嘛，装也要装出点江湖气，没有冰啤酒总嫌不够痛快，不够圆满。

当然，只喝酒的时候更多，各种各样漂亮的啤酒瓶轮流来到我的冰箱小住。我爱新鲜，喝酒没什么长性，有时喝味道，有时被漂亮的设计迷惑，还有时被精酿背后的故事诓骗，零零总总，也买过几十种啤酒。我一直没能将自己培养成喝酒的行家，好喝不好喝，都是过口即忘，因为我只喜欢让冰箱里永远

都不要出现重复的啤酒瓶。

记得买过一种冰岛产的啤酒，名叫 Einstök，据说酒厂建在离北极圈六十英里的地方，酿酒用水是史前冰川水，有艾尔和波特两种口味。冰川水有多特别呢，我倒喝不出什么所以然，只记得几种口味都很平缓镇静，细细密密地在舌尖上冒泡，适合密不透风的仲夏夜。

也买过各种各样的甜酒，起泡酒，果酒，装在模样好看的瓶子或易拉罐里，像一颗颗巨大的果冻，在冷藏室里晶莹剔透地闪烁。

单一麦芽威士忌也是家里的常客，兑上同样成打冰在冷藏室里的苏打水，一杯就能吞下一日里所有鸡零狗碎。

好像只有在最闷热的炎夏，才能这样肆无忌惮，一杯杯、一瓶瓶一饮而尽。其他季节，都没有办法这么痛快地大口喝酒，挥霍夜晚。

秋风渐渐凉起来的时候，便不再往冰箱里塞啤酒，转而囤冬酿，桂花酒，糯米酒。好在北方暖气充足，所以仍旧要加了冰块再饮。在喝酒这件事上，暖和甜无法共存。贪甜也只好贪凉。

我从不呼朋引伴来家里喝酒，也很少出门在外喝到断片，我只喜欢在夜晚打开冰箱，随手拿出一瓶酒来，这个短短数秒的过程，就已经满足了那颗贪酒的心。

疲惫不堪的时候，只要脑中忽然闪过这样的画面，便好

　　像喝了杯冰啤酒一样，心满意足。

　　至于一堆又一堆的牛奶呢，它们太重要了。冰箱里偶尔有断酒的时候，却从未断过奶。

　　其实我是乳糖不耐受，不适合直接喝牛奶，也极少心甘情愿喝下一杯纯牛奶，所有的牛奶都用来做咖啡，如果没有早上慢悠悠煮出来的那一杯拿铁，这一整天都无法真正打开。

最开心的时刻是将一杯冰牛奶放在咖啡机上，按下开关，趴在料理台上，直勾勾地盯着萃取出来的热咖啡在冰牛奶的表面开出两朵星星一样的花，浓缩咖啡静静悬浮在白白的牛奶表面，缓慢却坚定不移地向下渗透，一口下去，热咖啡和冰牛奶同时入口，每次都要像酒鬼一样掐着大腿说，嗨呀，人间至味呀！

有时异想天开，不管不顾地往碳酸饮料里加牛奶，往酒里加牛奶，吃水果也爱加牛奶，我病态一样执着于将牛奶加到一切东西里，唯独不喜欢单独喝一口百搭的牛奶。即使这样，牛奶的消耗速度也足够惊人。

按照咖啡馆的超大杯来计算，我一天大概要喝掉两份超大杯的咖啡，随时拉开冰箱就可以抱出一大盒牛奶做杯拿铁，是一种能够续命的安全感。只要看到满满一冰箱的一升装牛奶，我就有一种守财奴一样的满足感。

夏天的时候也会自己做做冰茶、奶茶，用宜家买来的分不清是花瓶还是水瓶的玻璃瓶，装上满满一大罐茶水，柠檬、百香果、葡萄、草莓、苹果、桃子、薄荷、黄瓜……也不分青红皂白，什么都往里扔过。妈妈爱喝茶，给我拿过许多好茶，瓜片、猴魁、黄芽、龙井、大红袍、普洱茶砖……不拘什么茶，到了我的手里只有两种下场，要么煮了给冰茶打底，要么便是煮奶茶。

煮奶茶的时候，小小的牛奶锅架在燃气灶上，铺一层白糖打底，小火熬成焦糖，倒入冰牛奶时滋滋啦啦的爆裂声格外激动人心，再将茶叶哗啦一把撒下去，加一点玫瑰，奶茶甜腻馥郁的香气很快就填满了厨房的角角落落。

煮好的水果茶或奶茶盛出来，放在冰箱，随时取随时喝。有时人心是填不满的无底洞，可有时，一口冰饮喝下去，合上冰箱，便觉得夫复何求，并没有更多念想。

或许平时用脑过度，总是对着屏幕写啊写，或者对着书看啊看，无论写作还是翻译，总是要辛苦麻烦大脑一整天，因此失眠偶尔光顾，在床上辗转反侧到了三四点，依旧睡不着，无所事事的感觉比疲倦更煎熬，索性爬起来，一心只想把泡面塞进微波炉。

这种时候便大摇大摆地打开先生的冰箱，偷一颗鸡蛋出来，咔嗒一声打进去，再"偷"几片午餐肉仔细铺好，而后打开自己的冰箱，拿出牛奶咕嘟咕嘟倒进泡面汤里，微波炉倒计时的时候，我等在一边，觉得睡不着也没什么大不了。

夏天的北京，天亮得极早，吃完泡面，窗外街灯熄灭，天色微微亮起，我喝掉面汤，叹一口气，是彻夜的饱足。

只有在昼夜更替的这一刻，才能在冷硬的楼宇间听到几声破晓的鸟鸣。这样的时刻，我总觉得心底有结结实实的喜悦。

在厨房里无所不能的先生其实也有坏习惯。他对冰箱有

一种偏执的迷信，无论什么食物，随手抄起就往冰箱里塞，仿佛冰箱能够冻结时间，冰箱能为一切保鲜。没吃完的芝士蛋糕，咬了一口的巧克力，还剩半包的牛轧饼干，留作早饭的面包，厚重的蛋挞，以及各种各样的糖果。但凡包装拆开，他就仿佛启动了某个程序，自动将一切放进冰箱，自己却从不记得，完全失忆。

所以我也养成了莫名其妙总爱开冰箱的习惯，开他的，也开我的。有时也并非刻意为之，只是从冰箱门前路过，便下意识顺手打开了，或许这是我的坏习惯。但是打开来总有零食可以振奋一下彼时平铺直叙的心情，仿佛中了一张小小的彩票。

有时我也会同先生开玩笑，要是某一天我们的爱情也快要过期变质，是不是也可以塞到冰箱里稍微抢救一下呢？冻一冻，也许就不会坏掉了。

在贴完这张航海地图后，冰箱上再无多余的空间留给我添砖加瓦。因为冰箱门上全是旅行时带回来的冰箱贴，还有朋友们从世界各地寄来的明信片，也有我自己寄回来的。

有时候开一罐饮料，合上冰箱，就会瞟到某张明信片，既然瞟到了，我就会仔仔细细看看上面写的字。

那时候，我们真的会认认真真给彼此写明信片啊。

最早的一张明信片已经是十年之前。过了零点的泰国偏僻车站，朋友在候车室里，就着昏暗的灯光，趴在破旧的长板凳上写了一张密密麻麻的明信片。现在想想，原来很多年前的我们，都不知道害怕为何物，对人对事都只带了勇气，却没带防备。但也正因如此，才有机会看过许多不一样的风景，有过许多有惊无险的回忆。

那些回忆，最终变成了明信片上的几行小字，为岁月盖章佐证。

也有朋友毕业旅行去了我的故乡，于是特意寄了一张明信片到北京来给我。

读大学时一起在街头从深夜走到天亮的朋友，每次看到他寄来的明信片总难免想起那时候的北京，夜晚的河水、街道、讲过的或轻或重的话语，也不知道还有没有人在那些我们走过的地方等着灯灭天亮，等着又一个新的早晨如期而至。

生活中某些片刻的柔软，就像是天亮之前拉开冰箱门的那一刻吧，它能给你一杯酒，给你一口甜，在你的脸上投下微黄的一点光。

冰箱

 **夜游**、

不曾见过未来的时候，世界是最有希望的

夜晚之所以令人上瘾，是因为它布置了一片凝滞的时空，仿佛时间不再流动，困惑不再放大，明天不再来临，我们什么都不用害怕。

三月的某一天，我穿着薄薄春衫，在飞机快要落地哈尔滨的时候，看到舷窗外冰封的银白色江流，蜿蜒着凝固在荒凉的平原，很像贴在地面上的银河。从机场去市区的路上，忽然下起了雪，朋友抱着厚厚的羽绒服和雪地靴在小区门口等我。

很多个晚上，我们在购物中心吃完饭，买好第二天当早餐的面包，再抱一杯热乎乎的奶茶，一起在夜幕下的哈尔滨走上一段不远不近的路回家。

冷冽夜空下，生活中的困顿、愿望、清晰与不明朗，都一点一点在唇齿间碾碎。

八月再去哈尔滨的时候，风雪里等我的朋友已经去了南方。生活里有很多突如其来的时刻，生活陡然转了个弯，没有提前设置指示牌，只是突然要去某个陌生城市，突然置身某种超纲的天气，突然要重新建立起一段日常秩序，突然要告别从前种种。

星座与生肖运程都说，这一年我会陷入舟车劳顿，总要不断去往别的地方，不断走出门去。从前看来权当消遣，不算数，不全信，可是生活偏偏喜欢安插无数巧合。不知道是第几个夜晚，我裹着长袖外套走在过了零点的哈尔滨街头，仰头看深蓝夜空，想起驿马星动这个词，觉得有些滑稽，是一种踩进了命运陷阱的好笑。

每天晚上我在离住处一公里左右的"漫咖啡"工作，一直工作到咖啡馆打烊。深夜开放的咖啡馆，打烊过程总会拖拖拉拉，有人没讲完电话，有人没开完会，还有人没能谈好感情的割舍，我喝掉最后一口冷咖啡，杯底剩薄薄一层残渣，有条不紊地收拾电脑和资料出门，总是过了凌晨一点。

离开咖啡馆之后，夜行的人瞬间淹没在了庞大城市里，转眼不见踪影。我好像是突然被扔到了一座空城之中，要想办法去探索求生。回住处的路上几乎见不到路人，沿街的商店门户紧闭，宽阔公路上也几乎没什么车，我站在空荡荡的十字路口，等待红绿灯安静地交替。

北方的夜空辽阔高远，像随手倒出一瓶深蓝色墨水，晕染得透彻。偶尔有铺天盖地的云朵悬浮在头顶，被城市灯火映照得微微泛黄。白昼里人来人往的过街天桥，此刻只有一个个雨后留下的小水洼，倒映某栋高楼里未熄的灯光。你知道白日的江边有多喧嚣，就知道深夜的江水有多像流经寂静深谷。我走在沉睡的城市峡谷里，从心底深深松掉了一口气。

二十五六岁之后，似乎少有在路上游荡到天亮的机会。也许是精力不济，也许是生活所迫，熬夜变得困难，不管不顾也变成了谨小慎微。可是读大学时，许多人挂在嘴边的话，是一句"你见过凌晨四点的北京吗？"

披星戴月地站在偌大路口，等待街灯熄灭，天光微亮，对当时的我们来说，那大概是波澜不惊的日常里最接近诗意的时刻。

大一那年初来北京，国庆假期，同寝室的两个姑娘便和

其他同学一起组成十几个人的小团队，某个夜晚从学校出发，一路步行到天安门广场，要去看升旗仪式。从中关村南大街到北京城中轴线，10.6公里的距离，走了四五个小时。南方姑娘不知晓北方昼夜温差的厉害，冻得瑟瑟发抖，但心甘情愿。

那一天，深夜从高校密集的海淀徒步走到长安街的学生大概有很多很多。他们大概会经中关村大街一路向南，一定是要避开交通状况乱七八糟的西直门桥，穿过月坛北桥或者复兴门桥转而向东，进入西长安街，一直走到月落日升，一路天色渐变，灯火明灭，大概很像一场漫长而跌宕的交响乐。

十二年过去了，他们还会不会想起那次跨越黑夜白昼的城市徒步呢？

我没有过这种壮举，我眼见这个城市从睡去到醒来的时刻可能都在和朋友喝酒。

有时候是在理工楼的室外消防楼梯上。坐在顶楼的那一段，吹风，喝啤酒，和身边的人有一搭没一搭地聊天，或者干脆沉默，十一点五十九分时无聊地倒数，三二一，整个校园的灯光齐刷刷熄灭，而后借着墙外街灯，一级一级走下十四楼。

有时回想那些场景，仿佛将一支长镜头推到极致，镜头里的两个人一前一后默默下楼，顺着楼梯的转折左右折返，镜头一点一点缩回，场景一点一点释放，人在漆黑的背景下一点点渺小至不可见。

和不同的朋友喝过不同的酒，说过一些相同的话，这些话散落在凌晨四点的东四十条，阴森耸立在夜幕中的段祺瑞府，曲终人散的什刹海，劲松神迹一般短暂出现又悄然无踪的雨水，北海附近彻夜亮灯的麦当劳，亮马河边奔跑的松狮。当时说过的话远不及当时的场景更清晰。后来我无数次走过这些地方，可能也更换过无数心情，更新过无数个自己，但同样的夜晚总不再来。

那时北京交通大学附近有一家地道的重庆火锅，通宵营业，提供不限量的山城啤酒，彻夜灯火通明，都是附近的学生在这里迎来送往，推杯换盏，笑着告别，转身掉眼泪，是一个非常非常年轻的地方。

拖我下水的是个重庆姑娘，一去再去，当然她要迁就我，只能要一锅微辣的红汤。这个重庆姑娘在学校的食堂吃粉时把一整罐辣椒全都倒进汤里，面不改色地喝了下去，我目瞪口呆地看着她，觉得自己的喉咙里着了火。

每次从火锅店出来，公交已经停运，1.5公里左右的路程，我们沿着大慧寺路慢悠悠踩着昏黄光斑走回自己的学校。那时我们都不知道将来会做什么，会在何处，但心里或许都有一点模糊又摇晃的希望。正是一无所有的年纪，反而最有资格拥有希望，也很容易快乐。哪怕白日里，有多厌倦，多沮丧，走上半个小时空无一人的夜路，灯光也好月光也好，心中便朗朗了。到现在我也觉得，不曾见过未来的时候，世界是最有希望的。

　　还有个老地方是万寿寺门前的那条长河，长河就叫长河，沿着长河一路往北的那条路叫半壁街，长河的尽头在圆明园的昆明湖。凌晨两点，偶尔见过夜游的画舫，灯火通明，船上有人向河边抱着啤酒罐的我与朋友挥手，不知他们何时上船，何处上船。现在想想，凌晨两点，所有的公园都已经关门，是谁在深夜游河呢？

　　河边也有人夜钓，独自贴着河岸，坐小马扎，一整夜不言不语，也不怎么变换姿势，目光也几乎不离开下饵处，那时的我很好奇，他们胸腔里看不见的那团耐心，究竟有多大的密度呢？

　　也是在长河边发现北方夏日天亮得极早，四点钟，冷飕飕的凉风掠过水面，垂柳微微一晃，路灯骤然熄灭，有了鸟鸣，也有了灰白的光，夜色褪尽只是一个瞬间，一个夜晚又无声无息地过去了。收敛起空空的啤酒罐，扔进路上遇见的垃圾桶。也不知那时怎么会有那么充沛的精力，可以气定神闲地回学校吃个早饭，再伸着懒腰去图书馆泡上一整天，直接将睡觉这个步骤略过。

我有很多年没再去过长河边，一起等昼夜交接的朋友也离开北京许多年，在失恋的时候哭着给我打过电话，但人生大概如长河水，总要往前，总有新的际遇，无法回头。但我总想起某个夜晚缓缓行过的画舫，想起那句"长河依旧水，细柳几枯荣"。

甚至，我也有很多年未曾深夜游荡在城市角落，没有目的胡乱地走。少年人激烈的情绪多么珍贵，我总疑惑，怎么会有那么多人长大之后便拿出过来人的腔调嘲笑少年的矫情，我是多想念不惧陌生城市，有勇气夜间行路的从前。后来我想，那也是一种羡慕吧，被光天化日下的一切压在身上的成年人，只能不断否定那一点点羡慕来安慰浑身弱点、不堪一击的自己。

最近一次游荡在这座久居的城市，是看完夜场电影，夜半两点，朝阳北路空空荡荡，我忽然对先生说，一直开吧，开到有水的地方就停下来。可是在北京，最难偶遇的就是水流。我在小说里写过，这里的空气榨不出一丝水汽，落叶都像脆

弱的标本。可是那天晚上，偏偏就想听水声，于是往东开了很久很久，电台恰好放了《晚风》，反反复复的歌词听得人昏昏欲睡，但又很应景，最终，车停在了一座桥边。那一刻我想，对啊，这才是这个世界的真相啊，往前走，总会迎面遇上河流。

在空旷的郊区，亮着霓虹的大桥像虚假的布景，桥下是波澜不惊的通州大运河。桥洞里设计了可以玩滑板的场地，此刻当然空无一人。挨着河边有个小小的蹦床，我钻进去蹦了两下，倒下来时，看见了满天繁星。这一刻我好像明白，夜晚之所以令人上瘾，是因为它布置了一片凝滞的时空，仿佛时间不再流动，困惑不再放大，明天不再来临，我们什么都不用害怕。

人类睡下之后，万物都开始呼吸，连冷硬的建筑与地面也柔软起来，在你睡意全无或不愿睡去的深夜，夜幕慷慨给出了另一个清醒的梦境。强烈日光下丢失的细节，会在绵延的深夜里一一浮现。那些你日复一日学会的规则，要隐藏起来的沮丧与脆弱，不合时宜的天真与诗意，都在昼夜分割不清的时刻在心里醒过来。

这样的时刻我总想高高举起一罐酒来，和整个城市干杯，将并不漫长的黑夜仰头喝尽，而后天边泛白，筵席散场，不知何日再来，但，总会再来。

夜游

年　月　日

停水：
虽贫瘠却明亮的记忆

　　二十世纪九十年代是我人生中的第一个十年，明明当时年纪小，明明未经世事，却总想念那个父母工资只有几百块的十年，什么都不足够，但什么都在一点点获得，大人们是真的开心，我们也充满了希望。

电梯里贴了停水通知，我和先生凑过去仔细研究了一番，停水时间是第二天晚上十点到次日早晨六点。恋恋不舍地下了电梯，还相互回味着，要停水呀，停水。

楼里的电梯总是很精彩，三面电梯壁挂了五块广告牌，隔三岔五就要换一换，明星们的面孔相互接力，我总和先生摸着下巴品评：这张脸修得太过，这个光打得太硬，这张图一定没给明星团队确认，怎么能这么失真？怎么肤色能调成这样？当然也不乏大开眼界的新生活，还可以租手机？究竟什么人会去租手机？旧物回收，天啊，这么多分类，还要买这么多口袋，算了算了。

五彩斑斓的广告牌之间也总是稀稀落落地张贴着物业的通知：请不要聚众遛狗；请不要在楼道堆放杂物，周四例行检查；上周二 × 期 × 栋楼失火，注意防火；近期入室盗窃频发，请注意防盗；× 月 × 日前缴纳物业费可领 × × 礼品；地下停车位涨价，地面停车位开始摇号……

我也不知道为什么会把每一张通知都读得那么认真，也许是因为坐电梯总要干点什么吧，所以有时候也会冲着角落里的摄像头做鬼脸。

当然，我家在三层，并不是漫长的电梯旅途。

看过停水通知后，我很兴奋，先生则如临大敌，筹谋着得接点厨房和卫生间的用水，得留出洗手的水，还要接好用来喝的直饮水。而我则计划着，我们可以去便利店提一大桶

纯净水回来，可以买很多零食、饮料，然后点上香薰蜡烛……

等等，为什么点蜡烛，又不是停电。先生皱眉头。

嗯，这个嘛，对哦，又不是停电。可是，都是为了营造应急的气氛嘛！

所以我几乎迫不及待地期待第二天的夜晚。

可能是因为如今的生活太过平顺，这种意外的小麻烦越来越少了吧。这样讲有点不领情的意思，可我就是这样想的。

小时候，隔三岔五就会有些磕磕绊绊的小麻烦，生活里的方方面面似乎都常常发生状况，停水停电都是家常便饭。

我的家在淮南，一个紧贴着淮河南岸的城市，后来碰到的各地友人似乎都对"橘生淮南"里淮南是指淮河以南这个概念过于熟稔，所以每当问起我的故乡在哪里时，总要再三询问，淮南啊，那是哪个市呢，哦，就是淮南市啊，我还以为淮南就是指淮河以南呢！

所以我到底是南方人还是北方人呢，我也不知道，但我总是戳着先生说，你们这些北方人，啧啧。但也会点着江浙两广的朋友说，你们这些南方人，啧啧。所以我呢，先生说你不是人。也好，中学地理课堂上我们不是都学过吗，人也是"天体"，是宇宙中的一颗"星星"。

既然是淮南人，自然就要认淮河作母亲河，淮河每年的水灾泛滥我倒是没有切身经历过，但是记忆中有一年淮河水质严重污染，水管里流出来的都是带着刺鼻铁锈味的脏水，有时候发红，有时候发黄，总之完全不能用。

于是各家各户的男丁们每天就多了一项固定工作，要提着硕大的塑料桶去固定的取水点打干净的水，所以那段时间走在路上，来来回回的全是一手提着一只大桶的爸爸或爷爷，相互照面也都是点点头：打水去啊？打水去。

爸爸在阳台上安置了一个很大的水缸，说水缸不太准确，因为是塑料的，爸爸当时在国营药厂上班，那个大桶是单位装辅料用的桶，在那段不短的时间里，喝水用水全都靠这么一只桶。

而我当时太小，只觉得新鲜好玩。虽然现在回想起来，依然觉得好玩，并不感念如今的好日子。

后来淮河水又莫名其妙地好了，从那以后再也没出现过那么声势浩荡的污染事件，但还是会时不时停水。

除了停水之外，夏天里也常常停电。二十世纪九十年代那会儿，大概全国普遍缺电，即便是淮南这种靠着煤矿发家致富，靠着电厂供电华东电网的能源基地也时不时用电紧张，停电调控。

可停电真是最美好的童年记忆。

停电多半是在夏天，因为电扇、空调、冰箱都在卖力工作。我暗暗觉得还有一个原因，就是放暑假在家偷看电视的学生们，他们不仅要偷看电视，还要用电扇对着电视的散热孔使劲吹，好应付下班回来摸摸电视热不热的狡猾大人，这也是助长用电紧张的一股"重要势力"。

停电多发生在天色渐渐沉落的傍晚，悬铃木的叶子一片片托起淡紫色的晴朗黄昏，啪一声，屋子暗下来，电器的嗡鸣戛然而止，我大喊一声停电了，妈妈熟练地从抽屉里取出蜡烛，唤爸爸划亮火柴，点燃之后微微倾斜，在桌角滴上几滴蜡油，而后将蜡烛稳稳立在桌上，不忘叮嘱我，千万别碰蜡烛。

也许那时候的我们都从明灭摇曳的火光里看到了长大以后再也不可能看到的某个世界。蜡烛就在客厅中心，只照亮那么一小块地方，客厅四角、走廊、卧室，都在黑暗之中，阳台之外影影绰绰。

可因为有这样一小团火苗，黑暗就不再值得恐惧。

每到这时，爸爸便铺一块凉席在阳台门边，把蜡烛挪到一旁的凳子上，张罗着"来来，打扑克，打扑克"。于是我们一家三口就坐在凉席上，就着昏暗的烛光打扑克，吃西瓜，喝健力宝。

那时候的夏天，我最盼望的时刻就是爸爸下班回来，即使不停电，也不用开大灯，就点一盏微黄的小灯，吹着电扇，席地而坐打扑克，爸爸讲讲俏皮话，妈妈想方设法让我赢。

我的童年，虽然没有什么机会和同龄伙伴撒丫子疯跑，玩得乐不思蜀不肯归家，但是家人给了我很多很多的爱，书房里的世界取代了外面的真实世界，反而让我获得了更大的自由。

六七月份，江淮准静止锋带来连绵暴雨，明明是正午时分，却昏暗如同六七点钟。有时暴雨忽至，也会断电。有一次表妹从徐州回来过暑假，在我家里吃晚饭，原本晴朗的傍晚忽然电闪雷鸣，树摇窗晃。表妹吓了一跳，我就故意逗她说："哎呀坏了，要世界末日了，要地震了，洪水要来了，会把三层楼都淹掉呢！"

年纪还是个位数的表妹向来非常信任我，瞪着惊恐的眼睛向我妈妈求助："姐姐骗人，对不对？"

"才不是骗你呢，真的，马上就完蛋了！"

"那怎么办啊！"表妹几乎快哭要出来。

那时候，还能看见闪电从天而降，落在远山背后，后来，山的背后成了新区，市政府、学校、我的家，全都搬到了那个曾经直面闪电的山南。

二十世纪九十年代是我人生中的第一个十年，明明当时年纪小，明明未经世事，却总想念那个父母工资只有几百块的十年，什么都不足够，但什么都在一点点获得，大人们是真的开心，我们也充满了希望。

有时我觉得是不是自己比较奇怪，因此也问过身边的朋友，结果大家不约而同地点头，一起沉默着、微笑着怀念各自人生中的第一个十年，怀念那段与现在相比虽贫瘠却明亮的记忆。

总之，那样停水停电的日子渐渐消失在我的人生中，所以看到停水通知，我便摩拳擦掌准备大干一番。

等到停水的当天晚上，我盯着挂钟，在十点整的时候跳起来大喊："停水了，停水了！"

先生说："别激动、别激动，水我都存好了，喝的水也有，用的水也有，不用担心，不用担心。"

"谁让你存水了！我要去便利店！"

从前我总抱怨小区里没有二十四小时便利店，抱怨着抱怨着忽然就开了一家，如果人生中的其他事也能这么心想事成该多好。

"好好好，去去去。"先生一面嫌弃一面摸黑给我找出鞋子。

停水的夜晚，连空气都变得好闻起来。

　　去便利店要经过小区里的小花园，我说不如先散个步吧。结果没走两步，发现路边停着一辆共享单车。因为我骑车出过危险，差点在国外出大事故，所以先生全面禁止我骑车，况且也没什么需要骑车的场合，导致共享单车的热潮都已退去我还没有碰过那些自行车。

　　而今晚的先生也很反常，他忽然说："你要不要骑车？我陪你骑一圈。"我便毫不犹豫地跳上了车，歪歪扭扭地在小花园里慢慢骑，凉风唰唰地吹着杨树叶，像海面一样广阔的云朵从我们头顶慢慢爬过。

　　慢悠悠骑了两圈，又把单车放回原地，猜测或许有人第二天需要用车才会停放在这么个奇怪的地方。

　　此刻已经过了十二点，便利店的雇员正在上货，我们慢吞吞挑了饮用水、零食，然后在自助结账机上完成付款，相互击掌说，囤粮完毕！

　　结果呢，那天晚上，我在凌晨三点半的时候结束工作，合上电脑去洗脸，听见抽水马桶的管道里传来上水的声音，打开水龙头，与往常别无二致的自来水哗啦啦流了出来。

　　我愤愤地说，不是说好要停水到六点吗？竟然三点半就来水了！

　　这个停水的晚上，就这样毫无波折地过去了。

停水

阳台、

阳台就像私人电影院

阳台是个有些奇妙的空间，像连接陆地与海洋的潮间带一样连接室内与户外，既是安全、无人打扰的私人领地，又仿佛置身阳光或风雨之中，真是满足了城市穴居动物那一点点风餐露宿的幻想。

去塞尔维亚之前，我花了很多天的时间来订住宿，每天在缤客（Booking）和爱彼迎（Airbnb）上反复挑选，一张一张仔细浏览照片。先生凑过来瞄了一眼我的筛选条件，撂下一句："你可真是个'阳台控'啊，一定要有阳台和露台吗，没有也没什么吧？"

　　我头也不抬地说："一定要有！"

　　有阳台或露台的房间，这是我每一次出门旅行挑选住宿的首要需求之一。

　　阳台是个有些奇妙的空间，像连接陆地与海洋的潮间带一样连接室内与户外，既是安全、无人打扰的私人领地，又仿佛置身阳光或风雨之中，算是满足了城市穴居动物那一点点风餐露宿的幻想。

阳台确实有诸多实用的功能，收纳储藏，晾晒衣物，但我依然觉得，阳台最重要的能力是一种治愈能力。

一天里最舒坦的时刻就是日落前，坐在阳台的椅子上，就着柔和天光看书，小茶几上摆着咖啡和点心，假装是在度假。玻璃窗开一条细小的缝，吹一吹外面属于四季的风，对面楼的窗户映出橘红色的夕照，天空有流云被风吹着赶路，仿佛合上身后的玻璃移门，就是进入了一个完全独立的空间。

夜晚趴在阳台上，每隔十分钟便能看见飞机来回，客机轮廓清晰，体型庞大，灯光闪烁，轰鸣着出现又轰鸣着消失，讲述许多旅行的归来与离开。

秋天狂风卷着落叶铺天盖地的时候，我就和猫一起蹲在阳台上，它隔着落地窗渴望捕猎每一片叶子，我蹲在它身边，看着秋天并不温柔的模样，假装风和落叶全都扑面而来。

下雪的时候也和猫一起在阳台静静地看，密不透风的雪花从天而降，像电影里无声的慢镜头，轻盈的雪花与重力反复拉扯，我们一起仰头，一起低头，一起目不转睛，那样子一定也很好笑吧。

总之，阳台是生活里必不可少的安慰之地。坐在阳台上的时刻，背后是家的支撑，面前是属于世界的天高地阔。很多心事都能在这里安全地软着陆。

还记得在北京住过的第一个房子，是一楼，没有小院儿也没有阳台，客厅是长方形，简洁小巧的家具摆进去显得空空荡荡，每个物件都好像自带回声，整间屋子看起来就像没有人味儿的仓库，于是我硬是凭着对阳台的渴望与热爱在客厅窗边隔出了一个生活阳台来。

先是从宜家搬回了一个长宽皆为一米七的方形格子架，在沙发和窗户之间隔断出一个大小合适的空间来，小空间里摆上小茶几和小椅子，立上落地灯，架子上填满书和摆件，一脚迈进客厅的人绝对看不见这个秘密的"小阳台"。

很长一段时间我都是在那里写作、看书、做手账，有时候也躲在里面吃东西、磨咖啡豆、消化坏脾气。

傍晚时分，太阳从窗口移走，屋里瞬息黯淡。那也不开顶灯，只要把这个"阳台"角落的灯打开，就好像在四方漆黑里有了一处发着微光的小宇宙。

冬天来临，因为暖气和加湿器的缘故，手边的玻璃窗蒙了白茫茫的雾气，我抱着刚煮好的咖啡，伸手在窗户上画出一个小太阳，指尖因为沾了水汽所以凉凉的，可是那个简陋的小太阳却好像真的可以发光发热。

我在那个屋子里度过了一段非常消沉的时光，但那个假装出来的阳台和玻璃窗上的小太阳却共同托住了我一直下沉的心情。

人在旅行途中也是一样，我需要一个阳台，夜晚可以坐下来喝瓶酒，清晨可以趴在栏杆上看世界苏醒，我也跟着一起苏醒。阳台让我觉得旅行也是生活的一部分，而不是夜晚

换个地方睡觉，白天匆匆忙忙赶路。

在暹粒的时候，房间的阳台正对一所小学。早上我站在阳台上伸懒腰，隔着热带植物的巨幅绿叶，看到穿白衬衫、蓝短裤的孩子们在小小的操场上集合，叽叽喳喳，打打闹闹，扎着马尾辫的年轻老师在一旁束手无策。

在雅典的时候，房间的阳台则正对卫城山，夜晚坐在雕花铸铁的椅子上，一眼就能看见亮着灯的帕特农神庙，手边放上两瓶 mythos 啤酒，窄窄的街道上回荡着来自地中海的风。每天晚上回到这个阳台上来，我都觉得旅程是那么不可思议，这里是希腊啊，那是雅典卫城啊，我一遍遍在心里惊叹。

我仍然记得阳台是在三楼，有一次举起相机，楼下恰好有两名当地男子路过，他们举起修长手臂，使劲挥着手同我打招呼。

在日本九州，落脚别府，推开阳台的移门，一整面蔚蓝大海扑面而来。某个早晨天空中的云朵仿佛鲲鹏，从海面上方展翅掠过，我和先生仰起头，趴在阳台的金属栏杆上看了很久很久。

在皇后镇时，房间连着露台，露台很大，空荡荡的。站在露台上，看着南阿尔卑斯山顶的积雪和瓦卡蒂普湖湛蓝的湖水，这一刻所看到的风景、所拥有的心情，千金不换。

在塞尔维亚的首都贝尔格莱德，租住的公寓也连着开阔露台，楼下是老城区最热闹的大公街，店铺密集，人来人往，总能闻到临街面包店飘上来的咖啡香。偶尔房东会到露台来抽烟，便同我们随便聊上一聊。

在哈尔滨时，住在一栋33层高的公寓楼顶楼，卧室外有个完全露天的小阳台，房东摆了一张小桌和两把椅子。

三月入住，夜晚下起大雪，早上拉开窗帘，发现露台上积起了厚厚的雪，我光脚跳下床，踩进雪地靴，站在阳台没过脚踝的积雪里，看到整个城市一片白茫茫。

八月入住，晚风凉爽，我和先生常常坐在露台上聊天，吃点垃圾食品，喝点饮料或者啤酒，地面上的车水马龙都抽象成了温暖的光束，越过一重重的高架桥，一重重的屋顶，好像能看到七八公里以外的热闹喧腾的江边。

在黑山海边的小镇佩拉斯特，房间顶层的露台直面亚得里亚海，直面全世界最美的峡湾之一——科托尔峡湾。夜晚坐在这里，静静看着夜幕中漆黑的海面和巍峨山影，还有不言不语的星空，那种静默的壮阔是一辈子不会遗忘的记忆。

在冲绳旅行时，紧紧抱着双臂站在阳台上，目睹台风过境，目瞪口呆地看着亚热带乔木齐齐倒伏，大雨落在铅灰色海面上，将海砸成了破碎的镜子。那是我人生中第一次亲历台风天。

总觉得在旅行的时候，阳台就像是私人电影院，我端坐其中，看眼前人来人往，看天空风起云涌，看属于他人的人生在我们这些过客的眼前演出又谢幕。

最近我想把每一次旅行中拍摄的阳台照片打印出来，整理到同一个手账本里，按照时间一张一张归档。若是偶尔翻看，都会像是打开了一卷电影胶片，开始磕磕绊绊地播放一段褪色的回忆。

于是我又想起小时候住过的老房子。

在我的故乡，人们似乎都很需要阳台，哪怕是二十世纪六七十年代的老房子也都是名副其实的"双阳台"，其中一个阳台一定会被拿来做厨房。一到炊烟袅袅的时间，从楼下走过便能听到家家户户噼里啪啦的锅灶声，抬起头来便能透过密封起来的阳台，看到一个又一个围着煤气灶忙碌的身影。

有人打发孩子去买一袋盐，一手抄锅铲，一手从阳台上给匆忙出门的孩子扔下几块钱硬币。

我也从这个烟火气十足的阳台上帮妈妈扔下过各种各样的东西：钥匙、护手霜、零钱包、文件夹、手套、围巾……

家中的另一个阳台则用来晾晒衣服、储物，也是我最喜欢的阳台。

为了应对猖獗一时的入室盗窃，爸妈将阳台重新封装，虽然和外面的世界彻底隔绝，但有了接近半米宽的窗台，我常常爬上去盘腿坐着，看野猫在松树上打架、在屋顶上晒太阳，下雨的时候看雨，电闪雷鸣的时候就看电闪雷鸣，看不远处的办公楼，看高高的悬铃木，看太阳，或者发呆。

我在窗口悬挂了一个小小的风铃，夏天的时候抱着西瓜，一边啃西瓜一边盯着微风中打转的铃铛。

现在想一想，我可能从小就热衷于在自己的一亩三分地里使劲折腾吧。

这个夏天的北京下了很多场好雨，一下起雨我就马上放下手头的工作，跑去阳台上坐着，听沉闷的雷，看雨水一层一层铺在窗户上，像融化的冰激凌，黏稠地贴着玻璃窗滑落。窗外渗透进来泥土和青草的气味，还有雨水的气味。

我在暗哑雨声和暗淡天光里心想：真幸运啊，在四四方方的城市囚笼里，我还有一个可爱的小阳台，可以听风，听雨，可真是幸运啊。

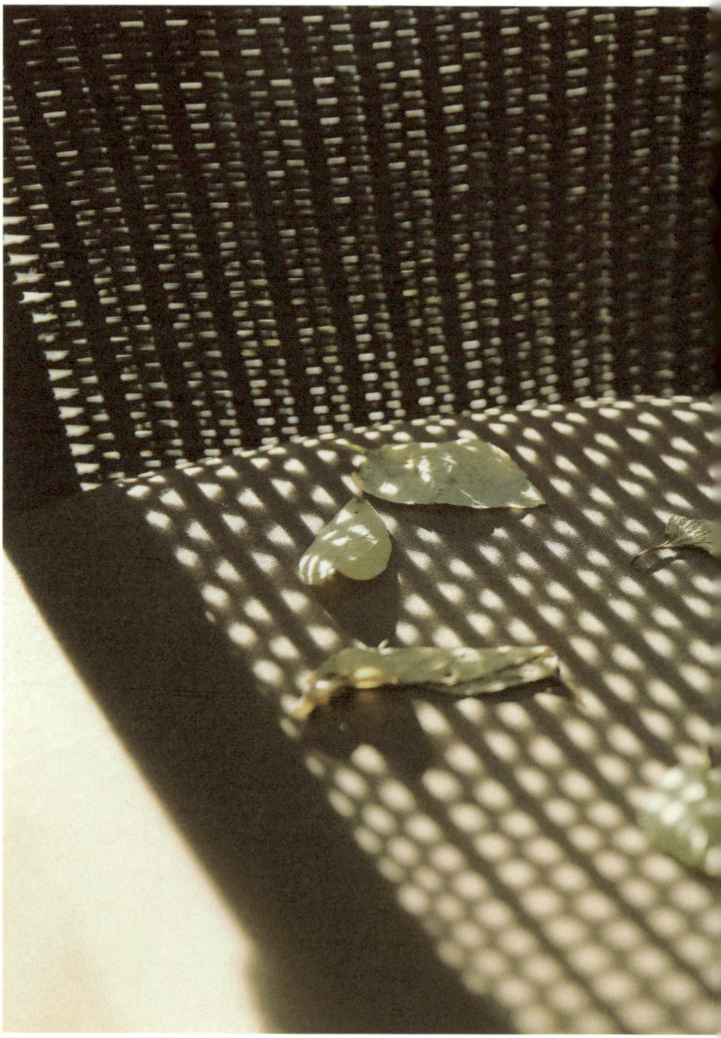

秋
autumn

○ **9月2日**

朋友：

经常请吃饭的漂亮姐姐

　　　　原来，这样的朋友就是亲人一样的存在，无论如何都希望你好，还要强迫别人也觉得你好。

眼看八月飞快地过去，日日散步的公园里，高高杨树上的蝉鸣一日日衰弱下去，草与叶都一路从浅绿奔向最浓郁的墨绿，而后一夜之间，随着夏日蔚蓝天色的褪去只剩下一身秋黄。于是，趁着绿色的墨水还没用尽，我拖着朋友兆兆去了一个人迹罕至的公园，在夏天回光返照的初秋，给她拍了几组照片。

我往她涂了口红的嘴巴上抹了厚厚的深棕色眼影，让她脱掉鞋子站在茂盛疯长的草丛里，我说你快点跑，你这样跳，你别转过来，不许动，不许笑。就这样从老工厂的废墟一直走到废弃的火车站和游乐场，不知有多少蚊子围着我们打转，拍完的时候数一数身上的蚊子包，两个人加起来几乎破百。但是我们哈哈大笑把惨不忍睹的双腿并到一起，各自拿出手机来拍下这些"光荣勋章"。

夏日尽处，秋日探头探脑，傍晚的光有了些日暮昏黄感，我们蹲在公园门外大口大口喝橘子味的"北冰洋"，让微风一点点吹干额头上的汗水。

六年前我也给她拍过一组照片，是叶子已经落光的十二月，从头走了一遍她长大的路——童年生活过的房子；中学门前；放学必经的护城河岸；结婚后住过的小胡同；拆迁后在闹市区留下伤疤一样的旷野。二十多年日夜，三个小时走完，记忆里是热热闹闹的市井烟火，眼前是成片成片待推平重来的废墟，不可思议，也不知是因为漫长还是倏忽。

当时拍下的一张照片，她站在有四个学校操场那么大的一片废墟上，回过头来看我，废墟尽头的瓦楞格挡之外是正在建设中的塔楼，鲜红的太阳像贴纸，贴在还未封顶的高楼背后。她所站的废墟是她结婚后住的一片胡同区，她忽然转过身去向高楼奔跑，我恍惚间按下了快门。

这一次再给她拍照，我们已经认识了十年。我隔着取景框看着她，心里却像胶片机倒卷一样飞速过卷这十年，如果每一卷底片都有一个拍摄主题，那我的这一卷一定是"长大"，是认识她的这十年，是我在长大的这十年。

十年前我在大学的宿舍里写小说，在某个杂志的QQ群里结识了三两网友，兆兆是其中之一。忽而某天，群里聊起有谁在这个杂志顺利发表过小说，我脸皮薄，本不打算应声，结果兆兆激动地在群里大喊："小姚瑶啊，小姚瑶发表过。"比我大几岁的兆兆，那会儿总是叫我小姚瑶。

兆兆将我暴露后，大家纷纷表示羡慕，感叹总被毙稿该怎么办。此时此刻我恨不能永永远远躲起来，可兆兆理直气壮地说："你们别叹气了，这都是天赋，得有天赋才行。"说来奇怪，那时我们还没有见过面，可她对我始终有一种舍命般的维护，往死里夸，也往死里护。

之后的十年，见证我最多负面情绪的那个人可能就是她，始终帮我一起维护着心中小世界的人，也是她。

多数时候我对自己要做的事情都很清晰，但偶尔也想自暴自弃，向她抱怨不想再写作，找不到意义；翻译不动了，累得只想坐在地板上叹气……诸如此类无论从事什么职业都会有的"再也不想做"的瞬间。每每此时，她总跳起来给我"打鸡血"，说不行不行，绝对不行，你不能不承担自己的天职，你不能浪费自己的天赋，你一定要继续写，说得好像若我从此不写，地球便从此停转。夸张到我听了都要起鸡皮疙瘩的盲目肯定，她总说得严肃而认真。

她真的很喜欢夸我，今天夸我温柔，明天夸我勇敢，后天夸我善良，可我就是知道，她每一次夸我都是认真的，她相信她眼中的那个我，她相信她看到的那个我。

偶尔也会遭遇莫名其妙的网络攻击，兆兆总是撸起袖子就要冲上去理论，气得面红手抖，反而是我把她往回拉。但凡觉得我受了委屈，平常胆小绵软的她瞬间化身斗牛，拦也拦不住。

原来，这样的朋友就是亲人一样的存在，无论如何都希望你好，还要强迫别人也觉得你好。

说回十年前，我在北京读大学，兆兆是土生土长的北京人，我说我们的名字里都有一个兆字，是缘分吧，于是她说，那就见面吧，小朋友。

熟悉了以后我才知道，主动提出见面对她来说是万分之一的例外。离开网络的她很怕生，工作中都极少与人冲突，去陌生的地方总会迷路，其实是个非常胆小的姑娘。

我们约在西单，她大我几岁，彼时刚刚结婚，用了个成熟稳重的网名，所以我为她勾画出的样子是成熟稳重的长发人妻，结果出现在我面前的是个瘦瘦弱弱、齐刘海、波波头、穿灰色背心裙的萌妹子。见面前我开玩笑，说我在大悦城门口，你觉得人群里谁的眼睛最大你就和谁打招呼。结果她真的毫不犹豫，直愣愣穿过人潮向我走来。

我仍能清楚记得那一天，是十一月，天气很好，我们坐在室外的绿色阳伞下面，慢吞吞地喝咖啡聊天。一如记忆中许多地方，那家咖啡馆也于某年某月消失在了地图上。

傍晚我们去吃了一顿川菜，天黑以后并肩坐在胡同口，面前是长安街，车来车往，呼啸而过，飞速，不停留。我说我最喜欢夜晚的长安街，从那之后，只要是晚上经过长安街，她就会拍张照片发给我。

那会儿我就发现，跟她在一起想花钱是件非常困难的事情。十年前还没有移动支付，不能线上发红包或者在线赠送咖啡礼券，一切皆靠现金或刷卡。她的口头禅是：你是学生，花的是爸妈的钱，我是有工资的大人。

周末她到首师大上课，结束了便走一段路，来我的学校看我。我们常常一起去眉州东坡吃饭，她总是想方设法抢先结账，还要摸着我脑袋说你是小妹妹哦。

再后来，大四那年，毕业季校招，我顺利去了腾讯工作，开心地给她打电话，说："我终于可以请你吃饭了，我也是有工资的大人了。"下了班之后她特意开开心心地跑到学校来，但是最后还是把单抢了。她一本正经地说："是这样的，你并没有真的拿到工资，等你拿到工资再请我吃饭，等你是个经济独立的大人了，我们再 AA，你就当这是我最后一次请你吃饭，庆祝你长大成人。"

经常请吃饭的漂亮姐姐，十年前我就遇到了。

有一段时间，我们两个都在家里工作，而我们又都是热衷赖床的人，所以约定相互叫对方起床，结果却变成躺在床上东拉西扯。我们的对话有多无聊呢，完全像两个幼儿园的小朋友，我说哎呀我出现幻觉了，觉得墙壁在往下滴水，她说天啊你要发财了，水能"生财"你知不知道！我说万一是"鬼"在哭呢，她说"鬼"为什么伤心了呢，是不是有人抢了她的小兔子……诸如此类，乐此不疲。

有时候我们约好同一个时间逛超市，戴着耳机跟对方说，我买了什么，你买了什么。

有时候我想去散个步，她便说那我也去，便隔着二十多公里的距离一起说话、散步。

再后来，我们很短暂地一起工作过，每天中午一起吃饭，再一起去买奶茶或咖啡，午休时间去附近的小区里霸占小朋友的滑梯和秋千，也一起在深夜十二点的办公室改过方案。

晚上我们坐同一班地铁回家，一定要去车头，看着窨深隧道被车灯一寸寸照亮。偶尔我心情不好，她便拍着肩膀说：

"给你靠，我有肩膀。"可是啊，她真的非常瘦弱。

到这个时候，她也时不时会跟我说说烦心事，生病了做作地找我撒娇，工作、生活不顺利的时候都会事无巨细向我唠叨，而后坏情绪就随着说出去的话被电波或窗口的风带走。

有一次，我遇人不淑，对一个朋友很好，却被狠狠辜负伤害。我对兆兆说："一直觉得她是什么都不懂的小姑娘，单纯，需要帮助，怎么会这样呢？"当时我坐在咖啡厅里，窗外飘着春天的杨絮，心情也和杨絮一样糟乱，易燃易爆炸。电话那头的兆兆说："你想一想，也是二十多岁的人了，像个孩子但并不真的是孩子，真的会什么都不懂吗？就算你认识她的时候她确实又善良又单纯，可人总会变，如果这几年她在你面前像凝固了一样从来没变过，没长大过，那就是在伪装。我们认识了这么多年，我看着你在长大，我看得到你在变化啊。其实变化并不可怕，不需要那么惋惜，你还看得到她的变化，说明她就没有对你戴起面具。如果看不到了，那就是她拒绝让你了解真正的她了。"

我安安静静听下这番话，忽然意识到：原来如此，原来这么多年来，我在长大，所以兆兆也不再是无所不能的大姐姐，她可以对着我哭闹，可以向我袒露脆弱，甚至寻求帮助，可以毫无戒备地做回孩子。

我长大了，她变小了，因为我们都不曾戴上面具面对彼此。

我很喜欢这十年里有兆兆，一伸手就抓得到，一起吃肉喝酒还有不少你知我知的老地方。我总记得她的好，总想对她更好。而她心里的我哪里都好。这是我很好很好的朋友，这是我很好很好的际遇，是我永远无法厌倦眼前生活的重要理由。

朋友

年　月　日

重复：

秩序之内才是生活

　　我们渴望新鲜，我们不断探索、不断尝试，不愿总吃一样的食物，不愿总看一样的风景，可是我们也格外需要一些不断重复、不断重现的场景，那或许就是我们在某处所扎下的又深又密的根系。

九月中下旬我去医院体检，医院在东四附近，因此体检完便和先生去了一家名叫 susu 的越南餐厅吃饭。

　　这家餐厅隐藏在钱粮胡同深处的钱粮西巷，巷子狭窄且不起眼，要沿着怎么看都不对劲的羊肠小巷一直走到尽头才是餐厅所在，而餐厅门口没有悬挂任何招牌，甚至没有一丝暗示食客的意思，古老的朱漆大门常日紧闭，若非熟客恐怕没有勇气推门进去，生怕私闯了谁家的民宅。

　　有时走在钱粮胡同里，若是脚步略显迟疑，便会有路过的阿姨主动询问："是不是在找那个餐厅啊？好多人找不到呢。"

　　推开餐厅大门便别有洞天，室内是长长的 L 形空间，落

地玻璃围起四方小院，楼顶有个小巧的露台，天气好的时候也可以坐在室外阳伞下用餐。

我很喜欢这里的越南米粉、三文鱼春卷和鲜虾沙拉，也不记得是从什么时候开始，只要来了东四就一定会来这里慢悠悠地吃一碗粉，有时也喝杯酒或者炼乳味浓郁的越南咖啡。几乎和所有朋友都来过这里，也自己来过许多次。

下午时段，这里只供应米粉和沙拉，食客极少，独自来吃饭的时候多在这个时段，也是一天中阳光最好的时候。

饭后再顺着钱粮胡同回到东四北大街，巷口不远处有一家猫山王咖啡，若有时间就坐下喝杯榴莲咖啡，吃一份招牌的榴莲重芝士，若是没有时间便买上一份打包带走。

走的时候还要去街对面买一大兜鲍师傅糕点一并带回家。

我像个机器人一样，总是自动重复这些步骤。

若是在猫山王咖啡里小坐，出来之后便沿着东四北大街一直走到张自忠路，十字路口的对面便是段祺瑞执政府旧址，古老的民国建筑有时光凝固干涸之后的美，没有尽头的回廊可以走上一圈又一圈，历史与今朝在这里映照下斑驳折旧的痕迹。

曾经在段府拍照时结识了住在里面的一位阿姨，春花秋叶她总时不时发给我看，说段府的花开了，段府的叶子黄了，段府积雪了，可以来拍拍照了，热情又可爱。

很难找到那个确切的时间点，susu、猫山王、段府，这三个地方串起来的线路成了一条固定轨迹，如果不是特别约好了要去什么地方吃饭或工作，那么只要去了东四，就一定会走一遍这条三点一线，吃同样的米粉，买同样的蛋糕，去同样的地方，也许这次的脚印不小心就重合了从前某一次的足迹，不厌其烦，一年又一年。

同样走过一遍又一遍的路线在旧鼓楼大街也有这么一条。

从地铁什刹海站出来，朝鼓楼的方向走，三岔路口上方常有成群白鸽飞去又飞回。

鼓楼西大街上有一家门面不算起眼的串串香店，名叫小椒，热气腾腾地吞下一肚子红油之后，顺着旧鼓楼大街慢慢走着消食。

旧鼓楼大街走上一来一回，再回到鼓楼跟前，沿着鼓楼东大街继续信步闲逛，路上有一家必去的咖啡馆，地方宽敞，桌椅摆得稀稀落落，装饰物都是些诡异的兔子，走进去就像掉进兔子洞的爱丽丝。

下雨天往二楼窗边一坐，透过湿淋淋的叶子看窗下开成花簇的雨伞，雨水的气味弥漫在暗淡的二楼，黏稠，舒适。

若是继续再走，便走到北锣鼓巷，去卖胶片机的小店里看一看，补上几卷过期的富士胶卷，再看看有没有可爱的相机可以入手。夜晚呢，和朋友一起坐在小酒馆门口喝一瓶精酿或者一杯单一麦芽，古老的杨树上挂着稀稀落落的彩灯，眼前的人影也同样稀疏，偶尔风起，偶尔猫叫，还有翅膀打过树梢的鸟儿，比起隔一条街人挤人下饺子一样的南锣鼓巷，北锣鼓巷清静而松弛，是个适合消夏纳凉的好去处。

东四和鼓楼离我的住处有些距离，更为日常的路线还是在家附近。

离家不远处有个咖啡馆，我总去那里工作。要挑一家各方面都契合的咖啡馆实非易事，要么背景音乐太吵闹，要么桌椅的高矮不合适，不然就是咖啡不合口味，或者空间感不对，甚至气场不合，无法气定神闲地坐在里面，总之，应该是比挑选相亲对象还要苛刻。神奇的是，家附近的这个咖啡馆无论怎么挑剔都非常适合工作，常常整个咖啡馆里都是对着电脑埋头工作的人，安静得仿佛身处格子间。

在去咖啡馆时我会专门挑另一条不常走的路，这条路上有一些很有意思的小店铺，我总是要一一光顾一遍才行。先去书店转上一圈，再去文具店挑挑拣拣，去专卖木质手工品的杂货店贪婪地看个遍。这条路上还有两棵挨得很近的行道树，枝丫不小心交织成一道拱门，我一定特意从这道"门"穿过去，假装一脚跨进奇境去漫游。

在咖啡馆里我也习惯坐同样的位置，在二层角落，是开放空间里的私密所在，前后左右都没有人能看到我的电脑屏幕，可以放心写作。喝一样的拿铁，吃一样的猪排饭和烤肠拼盘，后来在手机里发现了好多一模一样的照片，其实都是不同时间拍下的。

若是夏天，回去的路上便从隔壁的奶茶店买一杯不加糖的去冰奶茶，边走边喝。

这条路我走过了无数遍，可是熟悉的路上吹一吹夜风，就有不知从哪里冒出来的喜悦在胸口翻涌出细腻的泡沫。

在故乡，也有这样一条走成了肌肉记忆的路线。

家门口有一条安静的林荫道，法国梧桐排排站，每一棵都有四五层楼高，茂盛枝叶遮天蔽日，是人生中最喜欢的一条路。

每天晚上我都要顺着这条林荫道走上一圈，由静谧的生活区入闹市，在闹哄哄的小吃街买上一份别处吃不到的炸土豆片和淮南牛肉汤，豆腐脑也要买固定的那一家。

生活在这里的很多人都是这样吧，数十年如一日光顾同一家小摊，经营酱鸭的夫妻、贴烧饼的夫妻、做煎炸的姐妹……他们竟然数十年如一日都还在，这是我在北京极少能遇到的奇迹。

小吃街路口有一家年纪比我还大的面包店，带上面包和奶茶回家，偶尔坐在林荫道边的篮球场看十几岁的少年打篮球。少年的脸换了一茬又一茬，可篮球场一直一直都在。

每当我回忆起在故乡的生活，眼前浮现的总是这样一条行动轨迹，总是头顶翻飞的梧桐叶，总是小吃街此起彼伏的洁白蒸汽，总是那一圈林荫道围起来的属于我的生活。

那就是我的生活。

在这些情形里，熟悉与重复好像并不等于无聊与腻烦，反而让我想要加倍去珍惜。一走再走的路线，一去再去的地方，一吃再吃的食物，仿佛是一遍遍确认自己在这座城市的坐标，一遍遍肯定对这座城市的归属，纵横交错的路线和坐标点编织成了属于我自己的一套摩斯密码，像蜘蛛结网，我也一点点搭建起自己的生活秩序，也许经不起什么风雨，但仍要固执地编织。

秩序之外可以有无尽冒险，但秩序之内才是我的生活，是我自己亲手构筑的一种不变。

我很难同别人解释我究竟在这座浩瀚的城市里过着怎样的生活，但这些一再重复的线路就好像一张简单直白的速写。

我在不同季节、不同时间和不同的人去重复着同样的点

与线，一层一层鲜活的记忆像千层蛋糕一样叠加在一条路上，叠加在一个窗口里，于是这些地方也变得愈加不可替代，成了藏满记忆的秘密花园。

在翻译《请以你的名字呼唤我》的小说续作时，突然发现了一段心有戚戚的内容。有人问起男主角埃利奥的爸爸，他每次去罗马看望儿子的时候，父子俩会在一起做些什么呢？父亲用了这样一个词来回答对方——守夜。

所谓"守夜"是什么呢？其实就是散步，长时间的散步，只是他们的散步路线到最后常常如出一辙。途经音乐学院，那是埃利奥的罗马。驻足某个街角的旧楼，那是父亲的罗马，还是个年轻教师时他曾住在这栋小楼里。最后他们多半要在阿曼多餐厅吃午饭。

用父亲的话来说，他们仪式化了这些造访：维多利亚大街，比尔西亚那大街，巴布伊诺大街。有时候他们也一直漫步到罗马新教徒墓园。这些地方就好似两人生命中的标记，所以父子二人把按照固定线路去这些地方的举动戏称为"守夜"。

看到这里我几乎要跳起来，想冲进书里和埃利奥父子用力握握手，因为用他们的方式来说，我也是不断在我居住的城市里一遍遍地"守夜"。

为什么是"守夜"呢？也许是因为不断走过这些街道、这些地方，每一次都是对过往的复习温故。回忆像夜晚一样黯淡模糊，像夜晚一样温柔安全，也像夜晚一样更为私人。黑夜沉落，一盏孤灯照亮的领域更狭小，它往往只属于我们自己。

就像那些对所有人敞开的道路和餐厅，从某种意义上来说，它们也只对我们敞开。

我们像守夜一样守着这些生活中根深蒂固的坐标点，一旦丢失了其中的某一个，都仿佛是丢失了一段重要的人生。

我就丢失过这样一个地方，是旧鼓楼大街上名为"奶粉"的一家咖啡馆。我来到北京的那一年"奶粉"刚好开业，从2007年的秋天开始，我去这家小小咖啡馆的次数已经数不清楚。然而，2019年，因为胡同的拆迁改造问题，这家咖啡馆闭门歇业。每当我再走过旧鼓楼大街，眼见曾经剔透的玻璃店门封死成一道惨白的墙壁，我再也不能每回来到这条街就一定扎进去喝一杯对味的拼配拿铁。

我失去了重复十二年的习惯，我在这里见过的朋友，喝过的咖啡，吃过的点心，聊过的大事小事，全都随着咖啡馆的消失而消失了，那些陈年回忆再也无处凭吊。

有很多离家太久的人回到故乡后发现一切都那么陌生，每一条路他都不认得，每一个店家他都不熟悉，物非人也非，那种失落与格格不入甚至让他再也不想重回故地。

我们渴望新鲜，我们不断探索、不断尝试，不愿总吃一样的食物，不愿总看一样的风景，可是我们也格外需要一些不断重复、不断重现的场景，那或许就是我们在某处所扎下的又深又密的根系。

重复

年　月　日

远山、

路更艰险，风景也更浩荡

　　执着于眼前的人其实是忘了世界还有远方，时间也有远方，心要永远放在远处，才能走更远的路吧。

最近一次旅行，几乎全在深山之中。

在塞尔维亚的塔拉山深处，小木屋里烧柴取暖，漆黑夜晚趴在阁楼窗口看星星。童年时读《阿尔卑斯山的少女》和《绿山墙的安妮》，那时羡慕的木屋农舍我忽然就身处其中了。

夜晚去屋后取堆放好的木柴，第一次真正感受到万籁俱寂的意思，星辰无声眨眼，距离最近的人家在另一片山头，这种绝对无声的夜晚从不属于城市。万物严格遵守时间的秩序，绝不擅自开口，绝不打破夜晚的沉寂。

从塞尔维亚到黑山，七百公里路途全是曲折山路，一圈圈盘上云端，再一圈圈回到人间。快到终点时便是快到陆地尽头，依山傍海，我们在夜晚的山路上飞驰，海湾里星星点点的灯光是那么遥远，那么微渺。

我真的很喜欢山，每年都要找一处又一处的山，幽居或徒步，或短暂生活，或穿山而过。

山像另一个世界，一层岩石便是千年甚至万年时光，一个千年又一个千年累积起来，都是亘古的故事，人在山里，渺小又自在，清静又清醒。所有日常里的千头万绪，都如同

山谷中的轻雾，轻轻缓缓地化开，留一地湿润，无声无息地消失，人便轻盈起来。根本无须刻意，便能自然而然日出而作，日落而息，每天拥有漫长的时间，能做许多事情。

作为城市动物，心里永远有一座远山的影子，或许都是因为老姚的缘故。

老姚是我爸爸，但我一直叫他老姚。依稀记得是某一次家人聚会，听某个亲戚喊我爸老姚，我也笑嘻嘻地跟着喊，亲戚板起面孔教育我这样没礼貌、不规矩，可老姚拍拍我的肩膀说："挺好，叫一声老姚，我俩就是兄弟，要讲义气，要同甘苦，同甘苦你懂吧，就是我的甘给你，你的苦给我。"

老姚这番话拂了亲戚的面子，却在我心里留下一片云淡风轻，从此，我总喊他老姚，他也总有模有样地回我："小兄弟，又有什么事？"

传说中老姚第一次带我上山，是在我一岁半时。

我所居住的城市有一处低矮山脉，是典型的南方丘陵，绵延不绝，像一笔温柔的波浪线。老姚拉着一岁半的我一步一台阶硬生生地走到山顶，那可是上百级台阶啊，知道这件事之后我一直控诉他虐童。

老姚说："你走几步，我就陪你休息，给你零食，还有甜牛奶。我问你去不去山顶？你说去。我说要不我抱你吧？你说不。上了山顶，我抱着你往下看，你一动不动看了很久，可别得了便宜还卖乖。"

一岁半的事我全然不记得，印象最深的一次爬山，是十四岁，初二。

那一年，老姚生意极不顺，家里的经济紧张起来，但气氛并没有因此紧张，父母并没有让我感觉到丝毫揭不开锅的恐慌。

一日，银行的人忽然上门，老姚也不瞒我，冷静地说："为了周转生意，必须抵押房子。"抵押房子？岂不是没有家了？老姚说："抵押之后我们还是住在这里，等我把钱还给银行就可以了，没那么严重。"可我还是偷偷流了眼泪。

总说屋漏偏逢连阴雨，房产抵押完没多久，某一天我放学回家，发现门开着，门锁损坏，妈妈正面色紧张地和两个警察在交谈。那一天，老姚好不容易讨回几万块货款，没来得及存银行，就进了小偷的口袋。

我看着自己千辛万苦拼好的巨幅拼图被小偷踩得乱七八

糟，新买的MP3也不翼而飞，又气又伤心，索性号啕大哭起来，无处发泄的委屈只能发泄到警察身上："你们的巡逻车就停在楼下，小偷还能这么肆无忌惮？你们不需要承担责任吗？你们知不知道那些钱对我爸来说有多重要！"

我正嚷嚷得起劲，老姚进了门，连忙安慰手足无措的警察，顺手递给了我一兜灌汤包。

我六亲不认地冲老姚吼："你钱都被偷光了还有心情买包子！"

老姚嘿嘿一笑："反正已经偷走了，你哭也哭不回来，明天再去赚呗，还能怎么办？"

鸡鸣狗吠地闹过之后，我勉强吃了两口汤包，老姚或许看我太沮丧，突然去储藏室里翻出过年时剩下的一把小烟花，说："走吧，别闷在家了，容易触景伤情，我们上山放烟火去。"

心不甘情不愿的我就这样被老姚拖下楼，拖上那条已经开发成游园的小山道。

走过影影绰绰的树丛，越过没有我时就已存在的岩石，月光从树叶的缝隙里漏下来，微风抖动，光斑摇曳，仿佛踩上去便是音符。说来也怪，跟在老姚身边一步一步往山上走，眼泪也收住了，波动的情绪也平复了，小腿肌肉有些酸疼，可胸口闷着的一口气却散开了。

老姚忽然说："其实过日子就像爬山，大多数人都是靠着一双腿一步一步往上走，往上走的过程当然很累、很辛苦，有人中途放弃了，也有人总想走到山顶，吹一吹山顶的凉风，看一看山的那一边到底有什么。"

我轻轻哼了一声，我看书早，所以对这些深深浅浅的道理也"免疫"得早，所以我没好气地答："说得容易，山崩了怎么办？泥石流来了怎么办？别人把你推下山又怎么办？"

老姚脚步未停，想了想说："只要有一口气在，还能往上爬。怕什么？"

那一刻，十四岁脆弱的我，觉得老姚的背影和夜幕下的山影一样神秘巍峨。

到了山顶，老姚将烟花棒点燃，递到我手里，他说："你背了那么多诗，知道你爸最喜欢哪一句吗？"

"别跟我说什么'天生我材必有用，千金散尽还复来'，我又不是三岁小孩子。"

老姚说："就知道自作聪明！不过还真是李白的诗：'五花马，千金裘，呼儿将出换美酒，与尔同消万古愁。'"他说："人呐，除了眼前的得失，还有更广阔的天地要看呢，我就想赚钱买点好酒喝，今天喝不上就明天再喝。"

我轻轻挥了挥手中的烟火棒，在四溅的星火里看到山下万家灯火，高架公路上车灯如漂浮的颜料，心里有些惆怅，也有些开阔。

后来呢，老姚没有破产，没有把我们的家拱手送人，也没因为几万块钱困死在山脚下，大概是从那一次开始，我忽

然明白，眼前的一切得失都会过去，总会过去，只要我们不停地翻山越岭，总能走出那片小小的困境。

虽然这一路走了有十年之久，走得迟滞，走得不易，可终究，还是走到了山的另一边，云开雾散。

老姚又一次突发奇想带我爬山，是高考前。

那时学校突然爆发病毒性风疹，班里同学陆陆续续病倒十几人，人心惶惶。有个同我要好的女孩也被传染，于是放学后我每天都要将当天的作业或试卷带给她，将我的课堂笔记借给她抄写，盼着她早点好起来。

就这样，她康复了，我却被传染了。连续一周高烧不退，退烧之后浑身关节疼痛，无法握笔复习，每天去医院吊水，回家只能卧床，而此时，距高考只有二十天。

生病在家的十多天，我没有收到那个女孩儿的只言片语。晚自习时，有要好的同学用教学楼下的 IC 卡电话打给我，问我身体怎么样，什么时候能回到学校，但没有一通电话是她打来的。

回到学校的第一天，她对我说的第一句话是："你离我远一点，万一再传染给我怎么办？"

我愣了好久好久，难过的不仅仅是生病耽误了复习进度，还有对他人脆弱的信任。

心中愤懑，扭头就离开了学校。可我从来没有逃过学，根本不知道能去哪儿，在路上慢吞吞地磨蹭了一会儿，最终还是没出息地回了家。

刚进家门便碰上老姚，他正准备去上班，见我状态不对，把手里的资料往鞋架上一放，说："走，我带你出去玩。"

那时老姚还没有买车，他带着我坐了一趟漫长的公交，去了很远很远的一座山。现在想来，其实也没有多远，只是少年时的我，以家为圆心，活动范围极少超过三公里，多数时候都闷在书桌前。世界再大也只是少年书桌上的一纸想象，是地理笔记里的地图和符号。所以，坐上一个小时的车对我来说已经远如天涯海角。

那是个工作日，那座山也非名山，老姚气定神闲地买了门票，带着我不疾不徐往山上爬。他说："你知不知道，这片山里有一种古生物的化石，叫'淮南虫'，是迄今为止全世界最早的古生物化石，算得上是生命的起源，7.4亿年前在这座山里形成。当然，你学过地理，那时候这里可能不是山，而是远古的海洋。神奇不神奇？海底变成陆地，天翻地覆就是这个意思吧。人这一生在地质时间里，算什么呢？哪有那么多可伤心，可执着的呢？"

老姚爱读书，肚子里藏了许多偏门知识，所以我信他，不只信，而是震撼。

我当然知道7.4亿年前是怎样的概念，山风吹来，我闭上眼睛，仿佛忽然抽离到这颗蔚蓝星球之外，看汪洋变陆地，高山变深壑，看千万物种风起云涌。

老姚说："这里以前还是淝水之战的古战场，想一想亿万年前的生命，再想一想争一时英雄的苦战，是不是觉得有点荒谬可笑？"

我拍了拍老姚的后背说："怎么觉得你这辈子真是屈才了！"

老姚嘿嘿一笑："一代人有一代人的运气，我也只能爬爬周围这些小山了。以后你肯定还能爬更多的山，路更艰险，风景也更浩荡。"

路更艰险，风景也更浩荡。那天晚上我趴在书桌前不断想起这句话，沉下心来开始写习题，病了半个月的焦躁、失落、

动摇全都一扫而空。无论如何我都要爬上去，看一看一山又一山的好风景。

那年高考，我顺利考到了北京，在这座城市里学习、工作、生活，如今已经十二年，正一点点追赶上我在家中、在老姚身边的时日。

我也真的如老姚所预言的，走过了很多山路，所谓养浩然之气，我总在深山之中感觉最贴切。

工作后，我跟老姚去爬过黄山，因为徒步西海大峡谷错过了缆车下山，一家人趁夜色摸黑下山，一步一个台阶，小心翼翼。那一晚我发现老姚真的老了，他需要休息了，步子变慢了，他说，今天可又是一项人生壮举。

夜晚的黄山，没有人更没有灯，我想起小时候他带我上山放烟火，从小小的山尖俯瞰小城里万家灯火，总想看得远一些，再远一些。总想知道，山河之外还有怎样的山河。那时老姚告诉我的大概是，执着于眼前的人其实是忘了世界还有远方，时间也有远方，心要永远放在远处，才能走更远的路吧。

远山

 仪式:

美好而无用的坚持

　　这个世界上并不存在完美，一个社会怎么可能
没有弱点，社会里的人怎么可能时时温柔开心，可是，
当幼稚园老师带着孩子们向火车微笑挥手，便是在
帮他们搭建内心另一种微小的秩序。

　　我曾以为仪式感是一种美好而无用的坚持，认真纪念某个日子，煞费苦心，郑重其事，外人可能以矫情甚至做作来评价这份多此一举，但没关系，这是我们敝帚自珍的郑重，不需要让别人觉得有用，甚至不需要真的有用。

　　然而，直至去了日本，我才忽然觉得，仪式感也是可以美好而有用的，是真正的有用，而不是只讨自己欢心。

　　其实去日本，是计划外的偶然。

　　我们这代人大概都是看着日漫长大的一代，如今我依然守着更新时间追《名侦探柯南》和《蜡笔小新》，"新番"也从不落下，都要一一过眼，决定追还是不追。当然也有过来人的通病，总要抱怨如今的动画比从前差远了，差远了。

文学上不必说，各种日本书籍看了许多，喜欢的作家数上半天也数不完。所以我有足够的理由去日本旅行，但我偏偏对日本没有特殊偏爱，很少向往。也许是距离我们太近，所以在选择旅行目的地时，这个最方便的邻国总是被往后一挪再挪，总想着，那么下次吧，下次再去吧。直到忽然冒出了一对情侣，希望我和先生能去冲绳为他们旅拍婚纱照，于是便匆匆办下了多次往返的签证。

虽然去之前便深知日本基础设施完善，硬件、软件都竭尽所能做到人性化，去了几次之后亲身体会了秩序、规矩、服务，以及整个社会表面上的平静温和，但真正让我还想再去这个国度旅行、让我很愿意对别人说一说日本究竟特别在何处，又为何值得一去再去的，并不是这些优势，让我真正从心底说出"真好"的，是一种无处不在的"仪式感"。

去九州时几乎每天都要坐 JR①，火车经过的地方，无论城市、农田，还是郊区住宅，只要路上有人看见火车，就会朝火车笑嘻嘻地挥手。带领小朋友排队走在路上的幼稚园老师，阳台上晾晒被子的主妇，路边闲聊的邻居，放课后在车站边喝饮料聊天的中学生，只要看见火车驶过，大家便要温柔挥手，露出灿烂笑容，洁白牙齿在阳光下反着光，隔着呼啸的距离都能感受到一种让人信以为真的真诚。

---

① JR：Japan Railways，日本大型铁路公司集团。

为什么要用"信以为真"这种词呢？因为火车经过时的他们，不一定真的开心，也不一定发自内心渴望向陌生人挥手，但自然而然的动作，脸上绽放的笑容，哪怕是一种假装，假装久了也会成真，笑着笑着可能便有了好心情，手挥着挥着烦恼便真的无影无踪，像一种对火车里外的人都有效的奇妙作用力。

　　日本的铁路交通非常发达，塞尔维亚的国宝级导演库斯图里卡在代表作《生命是个奇迹》一片中就曾借角色的口说："你们都不明白铁路的重要性，看看人家日本，除了铁路什么都没有！"在日本，似乎没有铁路到不了的地方，许多偏僻的乡下小村都有非常迷你的火车站，这些小站往往只有一

位站长在工作。即便只是小站，即便站台上无人等待，即便站长孤零零一个人，只要有火车进出，站长一定卡着点、笔挺地站在月台上，认认真真接车送车，鞠躬，挥手，目送，再回到办公室里端坐。哪怕进进出出的小火车上可能一个乘客也没有，他还是要长时间地鞠躬、挥手，走满时间的进度条，绝对分秒不差。

在温泉小镇由布院，我们住在非常传统的日式旅馆，所有的木质房屋都已经有三百年历史，每间房都起了格外诗意的名字，比如"残月亭""松琴亭"。日本美学讲究阴翳之美，曲折的木质回廊只点暗淡灯火，下起雨的夜晚，眼中的一切氤氲隐约，不清晰，却美妙，是刻意为之的日式美学。

入住时是深秋，所以晚餐的怀石料理全部点缀了秋日的元素，都是就地取材的红色枫叶与河边卵石，取名也都充满了秋日元素。每一样器物都是独一无二的手工作品，杯碗餐盘的底端都签了手作匠人的名字。管家说，她在这里工作六年，六年里主厨每个季度都会更换应季菜品，从未重复，用心深沉细腻。早餐时，因为我们是中国人，主厨在餐盒上写了好看的毛笔字作为装饰。退房离开时，全体员工一直跟在车后挥手，直到我们看不见他们为止。

即便是现代的酒店，也依然很重视对待客人的礼仪流程。退房时都会工工整整地将宿泊证明和准备好的手信一起装在信封里，双手交到客人手上，有的酒店会将房间的名字做成行李牌拴在行李上。

作为一个手账爱好者，每次去日本我都一定要去 LOFT[①]商场购买手账用品，每一次去都会发现，所有你想得到想不到的手账方式与周边产品都已经被他们想全了，无论你用手账来做什么，都能找到一本为你规划好的手账本。近两年网上流行的"365日存钱计划"，日本的日历生产厂家几乎都会专门制作这样的日历，还附赠存钱箱。为我们这些本就喜欢在生活里折腾出一点仪式感的手账爱好者们推波助澜。

除此之外，还有很多无处不在的细节，比如一旦有人逆行上了电梯，电梯会立刻报警并暂停。这是多么小概率的事件，可是他们却能够想到并做到。

公共洗手间都是智能马桶这件事不新鲜，但是智能马桶全部具有声音干扰功能，解决了陌生人之间的尴尬。

在地铁车厢里竟然看见了洗手间，并且不会让车厢里弥散任何异味，这份周到让我惊讶得说不出话来。

日本街道上的下水井盖都非常漂亮，五颜六色，图画极少重复，每一个井盖都像艺术品。

这样见缝插针的设计有很多，可以说是人性化，但我觉得更像是一种仪式感，是对产品设计的仪式感。是为了追求审美，为了追求完美，为了达到某种极端理想化的境地，反而让整个社会因此非常人性化。

---

① LOFT：日本著名的生活杂货专卖店。

158

日本的很多景点、主题商店、车站、博物馆等都有盖章处，有些还会制作集章用的手册。我们常有那种坐拥万贯家财的心态，心想日本嘛，哪里有什么好山好水，一丁点儿大的地方，纯粹说风景，我们单拿出一个新疆就能把一众国家比到脚脖子，日本的山水大概都不够资格拿来比上一比。

但日本就在狭长的小岛上精耕细作，用自己独特的方式去

开发有限的旅游资源。日本虽然土地资源有限，可动漫资源是哆啦A梦的口袋，怎么掏都掏不空，所以日本的很多景点都做了动漫主题的开发，比如别府的地狱温泉，宛如投了广告般在《名侦探柯南特别篇》里高调出镜，我便乖乖跟着柯南去"打卡"。

同样是九州的人吉，也算是乡下小站，可却是《夏目友人帐》的取景地，车站提供"打卡"手册，告诉你哪里是哪一集的场景，怎么去，为此专门去打卡的"夏目"迷络绎不绝。

而我，往返五个小时的车程，去了偏远的《萤火之森》取景地。因为一个短短的动画电影，得到了一段珍贵的旅程。

这样旅行下来，可以留下大把手账素材，回来以后点点滴滴收纳进手账本。毕竟手账也向来被视为仪式感很强却没有什么用的东西。但做手账的我们都知道，手账究竟可以多有用。

其实什么是有用，什么是没用呢？日常里累计起来看似无用的小细节，哪一样不是对自身个性的潜移默化，我们都说谎话说多了连自己都信，仪式感的事情做多了，对很多事物的品质会有更苛刻的追求，对生活的细枝末节会有更精确的要求。

日本的各个县市都有自己的吉祥物，其中最广为人知的大概就是熊本部长了。熊本部长有多会折腾呢？据说他的每一个动作都是经过科学论证的，比如头怎么歪，腿怎么踢，手要如何摆动才会让看到的人觉得最幸福。在我们看来或许会满头问号：什么？也太荒唐了吧？为什么要一本正经做这种无聊的事情？而更荒唐的是，熊本部长会去东京都报案说自己丢了腮红，东京的警视厅真的在电视台直播受理案件，而后发动全民大搜索，全体国民一起为熊本部长找腮红。

在社交网站上，每天都有人去找熊本部长索要生日祝福，熊本部长也和大家进行非常有爱的线上与线下互动。

最可怕的是，熊本部长的职位不是虚职，而是真正的公务员。

日本经常组织宠物小精灵大游行，我最喜欢的蜡笔小新也在几年前被授予"春日部市荣誉市民"的称号，是在市政厅由春日部市长亲自颁授。那一年《蜡笔小新》的剧场版内容是野原一家因为广志的工作调动去往南美，所以"荣誉市民"的颁授仪式同时也是小新一家的欢送会。新闻里，春日部市长和小新握手合影，倒看得人有些动容。

在河童传说盛行的地方，当地的火车站也会修成河童的模样，设立雕塑，迎来送往。

日本的铁道系统特别注重观光小火车的开发，吸引世界各地的游客专门进行铁道搭车旅行。每趟小火车都有自己的名字，装饰成不同的风格，车上有很多互动设施，贩卖限定商品，特色小火车进站时，等在月台上的乘客会鼓掌欢呼，像迎接一个活生生的明星，甚至还要放飞气球。

其实仪式感有时候就好像大家集体一本正经地胡说八道，认认真真做一件似乎没有价值，但分明又是很美好的事情。

▶ ▶ ▶

这份美好，真的是无意义的吗？

　　在由布院的时候，我们看了一场孩子们的神乐表演。神乐是日本非常古老的歌舞艺术，其中有个敲鼓的小男孩，非

常帅气、卖力，一轮漫长的演出下来，他几乎抡断了手臂，筋疲力尽，每一根发丝都能甩出汗珠来，退场时他昂首挺胸，特别骄傲。看着他的时候我想起了 2017 年夏天那场甲子园棒球赛，几乎是自杀式投球的少年投手拼尽全力爆出了大冷门，这些都是动漫里常常看到的热血桥段，这种热血原来并不是经由艺术夸张放大，这种热血，或许是他们根深蒂固所认同的一种追求。

在福冈搭乘地铁时，蓝色的地铁票和国内一样，出闸口时会吞进去，可我想保留一张来做手账，便去工作人员那里询问。工作人员笑嘻嘻地说明白明白，便将票拿过去盖了小小的红章，开开心心地还给我们。对于这样的请求，他们或许都特别能够理解吧。

忽然间我才明白，其实是对仪式感的崇尚，才让他们有了事无巨细近乎偏执的追求。我们总说日本的城市建设好，日本人的职业性强，日本的产品值得信赖，人性化，有匠心，而这些，或许都是因为在追求某种仪式感，美好、秩序、细腻，这是他们心中的仪式吧。

当然了，这个世界上并不存在完美，一个社会怎么可能没有弱点，社会里的人怎么可能时时温柔开心，可是，当幼稚园老师带着孩子们向火车微笑挥手，便是在帮他们搭建内心另一种微小的秩序。

让生活更美好的仪式，永远不会是无用之功。

仪式

冬
winter

 初雪：

冬日再来，冬日永不再来

有时候，我们看过的书就如同沉默坠落的一场雪，你说它们打动了你，别人也许很难明白，书合上了，雪化了，似乎什么都没留下，可又比很多看得见摸得着的事物更有分量，也更不容易忘记。

每年我都会在冬季来临时说一句，等到下雪的时候，我一定要去故宫。这句话重复了有十年，却一次都没有兑现过。

　　居住在这座城市里的人，心里大都有一个雪后的故宫，白雪映红墙，宫猫在黄色琉璃瓦上踩出"亲笔签名"，时间一恍倒退上百年千年，成全所有人的黄粱一梦。可北京其实不那么容易下雪。有时一年能盼来一场初雪已是奢侈。

　　我总觉得，若要从高高的地方俯瞰街道纵横的北京城，大概会像某种庞大鱼类的骨架，身子底下搁浅着一片干涸。

　　如果床边不摆上一台加湿器，早上就会因嗓子干燥疼痛被迫醒来，鼻炎也会随之发作，稍稍擤一下鼻涕，纸巾里就染上了细细的红血丝。

　　空气干燥，像被太阳晒透的毛巾，用尽全力也拧不出一点湿意，加之这两年雾霾有所缓解，因而一年四季都有用不完的晴朗天。

　　所以常有的情形总是入冬以后，天气预报不断说要下雪，要下雪，结果一整个冬天下来，到底也没真正下过两三场北方冬季应当有的大雪，久而久之，就对下雪这件事不再那么上心，也不抱任何期待，顺其自然这种心态大概就是被一次次失望锻炼出来的。

　　万事总如此，心心念念想着，便永远也盼不来，不惦记了，反倒翩然而至，今年的初雪就是这样，早早落了一场。

　　1月3日，我从淮河南岸的故乡返回北京。12月22日，

少年时代最要好的朋友结婚；12月25日，我深深爱着的外公去世。大喜与大悲构成了一段时光卡带的 AB 面，相互对冲，却无法归于平静。再一想，一生的 AB 面大概也是如此。而我能为外公做的最后一件事，是为他选择了"澧兰沅芷，鸿俦鹤侣"这八个字作为墓志铭。外公是善良、温柔、敏感又清朗的读书人，有时我笑话他，生年不满百，常怀千岁忧。外公便回我，夜半桥边哼孺子，人间犹有未烧书。外公的故乡在寿县，历史上曾为楚国最后一个都城。因此我想，只有楚人屈原笔下的香草才配得上我心中这位谦谦君子。

回到北京的第二天晚上，屋里闷热，我想起外公，也觉胸中闷一口气，便去阳台开窗透风，忽然发现空中弥漫着浓烈的潮湿气味，路灯光晕里有细碎雪花纷纷飞舞。再往下看，地上已经积起薄薄一层白。我揉了揉眼睛，确定不是幻觉。

深夜里无声降落的一场雪，极像悄悄投放到所有人门口的快递，等着你睡醒，推窗，瞪大眼睛，捂住嘴巴，愣愣地照单全收。

可我等不及天明，严严实实裹上羽绒服和围巾推开家门，冲下楼去，绕着小区走了一大圈。摸了摸冬青叶子上冰凉的雪花，在雪地上跳出几个脚印，在小花园的长椅上堆出一个体态模糊的雪人，有点粗糙，有点呆傻。

我想起小时候及膝深的大雪，想起外公在雪地里穿着笔挺大衣、架着玳瑁眼镜拍的照片。虽说四季更替，人生一往无前，但长大后我再也没见过那样大雪纷飞的冬日，和大雪一起消失的人，也不会再回来了。从某种意义上说，我们所经过的一切都不会再回来了，哪怕是一个大雪纷飞的冬季。

晚归的车辆打开远光灯，灯光里纷乱的飞雪像一场无声的秘密风暴，我站在路边，想起了在这座城里见过的那几场初雪。

来到北京后遇见的第一场初雪是大一那年的寒假，也是我第一次见到真正意义上的北方的雪，是干燥的，粉末状的，简直有点粒粒分明的意思，这样的雪洁净固执，不会刚沾上柏油路面就融化成肮脏污泥，哪怕堆积成冰也依旧坚硬而洁白。抓起一把这样的雪握在手里，连质地也与南方的雪不同，故乡的雪蓬松多孔，吸饱了水汽，而北京的雪是结结实实的，沉甸甸的，在手里许久不化，像寝室里新疆姑娘给我的酸奶疙瘩一样，硬邦邦。

那是放假回家的前一天，我和朋友一起，坐了一趟很长时间的公交，穿过半城风雪，为家人采购特产。那时我还没有见过北京的雪，而来自东南沿海的她是压根就没有见过真正的雪，所以一路上，我们看着白茫茫的马路，白茫茫的行道树，头顶一片白茫茫垂头走路的行人，两个人都没有说话，看着大雪，失去了所有表达的欲望。

再能回想起的下一场初雪是 2009 年，那是 11 月 1 号的清晨。

那段时间，我每天五点半起床，蹑手蹑脚去水房洗漱，而后便带着零食和水杯去寝室楼的楼梯间看书。

我们的寝室楼是个四四方方的回字形，每层楼的拐角处都有一个宽敞的楼梯间，连着一个有落地窗的阳台。晚上总有人来这里练瑜伽、排练节目、讲别人坏话、发泄情绪、弹琴、抽烟。白天这里很安静，我搬了一张小桌子放到落地窗跟前，没有课的时候就在这里看书或者复习。身后正好有一人宽的墙壁与楼梯间隔开，像个可以暂时藏身独处的小角落。也有偶尔来接电话的同学，边讲电话边往落地窗这边踱步，刚要开口讲什么秘密忽然看见角落里的我，吓得尖叫，接着转身快步走开。

五点半天还未来亮，但那个11月的第一天，我刚从上铺爬下来，就发现窗外落下寂静的大雪，沉默无言，铺天盖地。我在床边愣了好久，竟然下雪了？现在还是秋天吧？竟然在秋天下雪了？我在床边愣了许久，才开始穿衣洗漱，还是照常去楼梯间的角落，抱着大红色的保温杯看书。那会儿在看柏拉图的《理想国》，看到洞穴隐喻的部分，抬头看四方形天井不断落雪，忽然掉了点眼泪。

有时候，我们看过的书就如同沉默坠落的一场雪，你说它们打动了你，别人也许很难明白，书合上了，雪化了，似乎什么都没留下，可又比很多看得见摸得着的事物更有分量，也更不容易忘记。

那一年，北京几乎度过了一整个冬半年，从11月开始，严冬一直持续到 2010 年的 3 月，断断续续下了至少十场雪，降雪量惊人。最后一场雪是在 3 月 8 号，那一天从德国传来张枣老师因肺癌去世的消息，大家都很震惊。雪化得差不多时，喜欢他的学生们组织了一场告别会。

> 只要想起一生中后悔的事
> 梅花便落满了南山

　　这大概是张枣老师流传最广的两句诗，后来遇到的许多陌生人也会提起它的美。

　　2017 年，陪着猫看了它猫生中第一场雪。

　　早上起来，朋友发来微信，说天气预报有雪哦，想去首都图书馆看书，如果真的下雪，坐在落地窗边看《东京梦华录》会有好心情吧。

放下手机我去打开窗，看到飞机划过阴霾笼罩的太阳，缓缓穿过楼群的样子有点绝望，我心里想，大概还是不会下雪吧。每年总有那么多次因为等待初雪而起的空欢喜。

于是我煮了咖啡，坐在书房埋头工作，也不记得究竟工作了多久，敲下多少个字，只记得眼睛从电脑屏幕上挪开，一眨眼的工夫，就看见书房阳台的落地窗外有些不大一样了，风吹起密集的雪花，簌簌款款，从天空往下落，像电影里被无限拉长慢放的镜头，地面很快就覆上了模模糊糊的白色，而白色之下，是开春刚刚抽出的新绿。

真是一场姗姗来迟的初雪啊，又或者，算是被料峭春寒早早召唤出的一场新雪，我拿起手机给朋友发微信，"下雪了"三个字刚发出去，朋友发的"下雪了"就同时出现在对话框里。

猫蹲在我脚边，好奇地仰头，看一团团白色的不明物体从眼前飞过。好吧，或许它并不好奇，只是我自作多情，以为它好奇。

雪花飞舞，猫忍不住，总想伸出爪子去拍，结果只拍在堆积了浮尘的玻璃上。

于是我把猫抱到窗边的木头架子上，让它站高一点，好更清楚地看到窗外的雪。一岁的猫虽然出生在二月仲冬，但也是第一次看到下雪。它就那么蹲在架子上看着窗外，看得很认真，很出神，瞪大圆圆的蓝眼睛，一动不动，看累了就跳下来，把自己塞进窗边的纸口袋里，挨着窗外扑棱棱的雪花熟睡了一下午。

傍晚，雪渐渐停了，可惜天气早已转暖，等我带着相机下楼，想拍上几张照片时，神迹般的初雪已经融化成初春清澈的水汽。

北京的初雪，来得轰轰烈烈，消失得无声无息，有时拖延症严重，有时又提前抢跑，好在，哪怕相隔一整年，它也一定会来。

就像梅雨时节的第一场雨，湖面上结起的第一层冰，我们像等一个远行的朋友归来一样等一次天气的转变，这算不算也是生活里的一点所谓"期待"呢？

初雪

 新年：

生活给我们的一次机会

我们总会回到原点，总会回到新年伊始，但我
们每一次也都走了更远的路。

2020 年将是我头一回不在父母身边过春节。和许多恐惧过年，甚至逃避回家的年轻人不同，我是个一边远走一边回家的人，总想着不断逃离日常生活，却也想不断回到故乡。

　　我喜欢过年，喜欢在家人最珍视的日子里陪他们一起完成美好的团圆。

　　可能也是因为我脸皮厚，骨头硬，从小叛逆不听话，所以反而驯服了家里的大人们，他们极少替我做决定，为我做安排，也懒得费口舌念叨我，我们一家人早早明白了一起吃喝玩乐就能幸福度日的大道理。

　　曾经我也以为离开家才算成长、才有自由，所以填报高

考志愿时，我用尺子在地图上测量家与各地间的距离，到北京是一千公里，到上海是五百公里，相差一倍，距离南京就更近了，于是全然不顾家人希望我去上海或南京的愿望，毅然决然去了北京，读书、工作、成家，一日日、一岁岁，不知不觉间一点点扎根下来。

起初我把假期用来旅行、学技能、实习，回家绝不是首选。我心想，反正过年总要回家，其他的假期就自由挥霍吧。直到有一回，我在寝室高烧晕倒，妈妈连夜赶来北京，若不是当时的火车一票难求，连外婆也要跟着一起来。

到现在我还能清晰地回忆起，凌晨三点半的医院挂号大厅，我靠在妈妈身上；记得妈妈一个人坐了两小时公交去西单图书大厦为我买《楚辞集注》；记得她将火龙果一点一点碾成泥用开水煨热，再一勺一勺喂给我吃。当医生告诉她我可能是免疫系统出现问题时，她借口去厕所，半天没有回来，我去找她，在洗手间门口听见她在哭，该如何面对妈妈的眼泪呢，我毫无经验，只能连忙逃回输液室。而她再回来时，脸上没有一丝哭过的痕迹，只有信心满满的微笑。

那一刻我鬼使神差地想，这么怕失去我的妈妈，离家如候鸟般的我，如果今后每年回家一次，最多只能见她几十面了吧？这样一想，忽然惊出一身冷汗，也忽然明白，过年好像并不是没有退路的选择，而是生活给我们的一次机会。

我想起每次过年回家，他们早早准备好年货囤在冰箱。

不舍得吃的车厘子一大箱一大箱为我搬回家；秋天的蟹卡要留到我回家时再去兑换；春夏的草莓熬煮后一盒一盒冻在冰箱。为我买好咖啡，准备好牛奶。熬好桃胶，剥好坚果。一趟趟采购，一样样挑选，却不说，只有我偶尔拉开冰箱，才能看到他们沉默的心血。

就是从忽然生病的那一年开始，我变得愿意回家了，即便是结婚后，依然雷打不动地回家过年，循环往复与确定无疑大概就是人与家之间的安全感。

如今回头再看，每一个新年似乎都像对旧年的复习，温旧知新，辞旧迎新，除旧布新，你来我往，人面桃花，似乎年复一年，什么都不曾改变。

可细细想想，好像一切都变了。

幼时过年，序幕提前几个月便拉开，窗外陆续挂起风干的咸鱼、咸肉、咸鸭，都是外婆、姑姑、舅舅送来的年货，齐齐整整地悬在防盗窗的铁栅里，硬邦邦的肉上码了厚厚的一层盐。外公自己做卤味，有时想想猪也很惨，身上的每个部位都要被人拿来卤上一卤，猪耳朵、猪尾巴、猪鼻子，统统不放过，入冬便早早备下。我偶尔帮妈妈一起灌香肠，爸爸用绞肉机绞肉馅，妈妈往半透明的猪肠里灌，我负责拴绳子，冬夜里一家人共同忙活的场景历历在目。

香肠灌好后就搭在竹竿上，一排排横满阳台，待到一点点日晒风干再分送到亲戚家中。年节的人情往来全在这一口吃食上，而这些年货往往能一直绵绵延延吃到春来。

幼年时觉得家中的亲友也特别多，正月里跟着父母，总有走不完的亲戚，见不完的朋友，同样的面孔，从我家餐桌转移到你家客厅，大人们解下围裙，端起酒杯。也有些远房兄弟姐妹只有新年才能相聚，小小的我们尴尬生疏不出三分钟便迅速玩在一起，等日落月升，一挥手又是来年再见。多伤感，又多浪漫。

父母乐此不疲地请客串门，客人总会带来许多零食、水果和饮料，在物质生活没那么丰富的二十世纪九十年代，新年的伴手礼最值得期待。主人在厨房忙碌，孩子们上房揭瓦，客人们谈笑风生，虽然筵席散去，留下杯盘狼藉，可总觉得那时候的主人家是辛苦的，也是快乐的。

童年除夕夜的炮声也可堪怀念，从零点开始，鞭炮此起彼伏，持续到一两点钟仍绵绵不绝，次日一早是新一轮噼里啪啦，晚上处处烟花升腾，胆小的孩子也有花炮玩。出门走上几步便会将红色的鞭炮屑粘满鞋底。

那是"八〇后""九〇后"一代人的小时候，是春节还有父母口中浓浓"年味"的最后时光。

之后呢，好像忽然从哪一年开始，亲朋们不再做消耗不尽的腊味、卤味，烟火鞭炮声渐渐稀疏最终变成了电子炮，一大家人从早到晚准备年夜饭的热火朝天被饭店订餐取代。父母难免感叹，怎么如今过年都不像过年了呢？

我们这些没心没肺在春节里傻开心的孩子也有头有脑地长大了，不再黏在父母身上去亲朋家撒欢儿，不再开开心心接过压岁钱放进储蓄罐，我们有了自己要问候的朋友，有了自己过节的方式，有了自己的甘愿与不情愿。

可我总觉得，其实这不是过年不像过年了，而是世易时移，新年虽然如期而至，可面对新年的我们其实岁岁都不相同。

从某一岁开始，新年红包开始逆流，成了我们给父母的"压岁"钱。

从某一岁开始，我不再是等着穿新衣的孩子，反而挎着父母逛街，不给他们穿上一身新装便不愿回家。

从某一岁开始，我偷偷为父母准备新年礼盒，将这一年里我觉得好用的小电器、黑科技、生活百货统统搬进父母的家门。

从某一岁开始，我计划春节期间的短途旅行，将曾经格外抵触新春出行的父母塞进车里，去过凛冬海边，去过山中守月，去过热气腾腾的露天温泉。

从某一岁开始，我忽然成了所谓的大人，手拿一只小小的酒杯，用甜甜的糯米酒和爸爸妈妈轻轻碰杯，从前听不见的属于父母的愁绪或感叹都在一杯酒中听了真切。

也许就是在某个与父母碰杯的瞬间，我忽然意识到，从前我们过新年，长新岁，是无忧无虑伸手拥抱全新的四季，万事交给父母关心操心，我们只贪吃那一口新鲜，而如今的新年是我来关心，我来操心，他们忽然交出了大权，也无可奈何地老去。

　　我们这一代人终究无法像父母一样亲手将一切料理妥当，或者说，是我能力差一些，我做不到。生活的节奏太密集，繁重的工作太狼狈，稀少的假期太珍贵，连日常生活都无法打理妥帖，更别提要洗手做羹汤，迎接新年。可是啊，我也有属于自己跨越新年的方式。

　　与其抱怨长辈对自己的不理解，不如不管不顾，将我们觉得好的都塞给他们，用我们的方式给他们一一安排上，我始终相信，爱是一切理解的基础，爱也让一切理解成为可能，甚至能够直接消弭掉所有的不理解。

今年，因为工作原因，我实在无法回家过年，可妈妈还有外婆都在微信视频里宽慰我，没关系的，好好工作，不要担心，等忙完工作再回来。他们并没有不高兴，也没有不理解。妈妈说草莓给你冻起来，外婆说牛排给你留起来，爸爸说年三十我给你直播吃饺子。

而我呢，也已备好远程作战计划，打听好年三十正常营业的奶茶店，除夕夜给爱喝奶茶的家人准时送上无糖鲜奶茶。各色年货已在路上，好像怎么买都不够。为他们充好各个视频平台的会员，列好适合他们看的影视剧和综艺。每天都要给外婆发一张猫的照片。也许，是我的心从未离开过远在一千公里外的家吧。

一年一年的数字在变，一代一代人的过年方式在变，可有些东西永远也不会变，比如家人给我们的爱，比如我们无论走了多远也没能从家中带走的那颗心。

承认想家并不懦弱，毕竟团圆几乎是所有中国节日的底色，是刻在我们骨血之中的美好愿望。

新年真的很有意思，它是个全新的开始，一切如新，重新做计划，重新写下愿望，但同时，它也意味着重回原点，重回凛冬，重新再走一遍新的一年。而家，大概就是我们人生旅程的原点，我们不断在新年时回到这个起点，再不断启程。

没错，我们总会回到原点，总会回到新年伊始，但我们每一次也都走了更远的路。

新年

年　月　日

刺猬、

高楼阴影之中的小生命

　　它们在这颗星球上存在了很久很久，它们并不脆弱，只是人类跳出了游戏规则，开挂作弊，显得所向披靡。

我已经很久没再见过那只刺猬了。

或者，我见过的其实是好几只不同的刺猬，只是自作主张把它们认作是同一只。

入冬后的某一天，再也没有见过刺猬的踪迹。也许是冬眠去了吧，先生这样说。刺猬就像夜晚在小区散步时一定会照面的老朋友，忽然不再露面，我难免有各种各样的担心，同时也盼着春日再来的时候，能再见到呆呆的它，或者它们。

第一次发现小区里有刺猬，是某天晚上下楼散步，刚推开单元门，忽然发现脚下有个小东西在慢吞吞挪动，低头一看，竟然是只米色的小刺猬。和我对视片刻后，它就钻进了路边

的灌木丛里。

我愣了很久，难道是谁家的宠物跑了出来？从那以后，我便经常看见它，或它们。因此我也渐渐确定，小区的自然生态里是有野生刺猬这么一个族群存在的。至于从前为什么没有见到过，大概是它们刚刚举家搬迁，或者有某只刺猬从原本的居住地离家出走吧。

夜晚跑步，跑着跑着，眼前便出现一只小刺猬横亘在马路中间，一动不动，也不知是吓傻了，还是压根就不怕，总之似乎很有安全感，不着急，也不躲藏，笃定没有任何东西能伤害它。可我难免担心来来往往的车辆会从它脆弱的小身体上无情碾压过去。

我自然知道野生刺猬身上会携带蜱虫之类的寄生虫，还有各种各样厉害的病毒，绝不能随便触摸，所以每回遇见了，也只是放慢脚步，多看它两眼，而后冲它摆摆手，打招呼或者说再见，从来没想过同它亲近。

可总是看见它呆头呆脑地出现在人和车的前面，又觉得刺猬这种生物，或许真的是安全感过头，蠢得让人不放心。

某个夏夜，我在小区花园里散步，忽然听见灌木丛里传来窸窸窣窣的声音，仿佛有什么神秘动物拨开繁杂枝叶，穿梭其中。野猫最是轻盈机警，绝不会搞出这么大的动静来。狗也不大可能，小区里几乎没有流浪狗，而且极少有狗会在低矮的灌木丛里噼里啪啦折腾半天还不露头。

这巨大的响动完全就是不怕暴露自己，生怕别人不知道自己就在这茂密的花花草草里。我好奇地蹲下身子，打开手机上的电筒，噼里啪啦的声音霎时停止，一只小刺猬稳稳当当趴在冬青树丛下，就在人行道边上。

明明看见了我，也被我的手机光亮暴露了行踪，可它就是一动不动，并没有蜷缩起身子，做出防御的姿态，也没有像野猫一样溜之大吉，迅速藏匿行踪。

我忽然很好奇，这小小的生物，虽然有坚硬外壳，但不过一层脆弱铠甲，它的生存技能点数和防御值究竟能有多少呢？它是不是真的觉得自己刀枪不入？为什么看见了人类，它一点要逃跑的意思都没有呢？难不成是在装死？可是装死为什么要把眼睛睁得那么大嘛。在这一点上，总觉得刺猬比野猫憨傻太多，完全不适合在危险的城市里生存。

于是我和刺猬只好大眼瞪小眼，对视良久，最终还是我关掉手机，对它说，你快点躲起来啦，不要再搞出这么大动静。等我起身离开时，耳边又响起了窸窸窣窣、枝叶相互摩擦的声音。

那天晚上回家后，我上网查了查刺猬究竟可以吃些什么，结果惊讶地发现，作为宠物饲养的刺猬竟然喂的都是猫粮。这不就在手边，唾手可得嘛。猫在旁边歪头打量我，并不知道我已经打起了它那袋口粮的主意。

小区里有很多流浪猫，有些一层的住户会在小院儿里摆上水碗，搁好猫粮，流浪猫们各自划分地盘，自行拉帮结派，准点进食，割据一方，晒太阳、打瞌睡，所以用不着我为它们的伙食出力。

我比较熟悉的流浪猫是一家四口，定居在单元门对面的一块封闭小花园里，人与狗都无法靠近，两只大猫带着两只小猫，舒舒服服地住了下来。我知道它们有固定吃粮的地方，所以只负责为它们的饮食锦上添花。每天傍晚我都会抓一些家里的猫零食下楼，往小花园里远远一抛，公猫便飞快跑出来，迅速将小鱼干、肉肠、鸡肉冻干之类叼回灌丛之中，一趟趟往返，不厌其烦，而母猫和小猫则躲在草木间，偶尔露出警惕的圆眼睛。

所以我并没有养成随身携带猫粮的习惯，但因为几面之缘的小刺猬，无论是散步还是跑步，出门前我都会记得，用小号保鲜袋装上一小把猫粮揣进口袋。

要找出小刺猬的所在没有一点难度，但凡路边的灌丛里忽然有了咔嚓咔嚓的动静，一准是它。有时路过垃圾堆也能听见它长时间翻找垃圾，只闻其声，不见其影，明明口袋里就是干粮，可就是没办法马上给它，心里便觉得难过。野生动物们在城市生存，垃圾或许就是它们最主要的食物来源，而城市野生动物之所以寿命短暂，多半也是因为喝不到干净的水。

可城市无限扩张，根本没有停下来的可能，生活在其中的大多数人自顾不暇，也不大可能分心顾及这些生活在高楼阴影之中的小生命，所有的动物都无法再找回自己曾经栖息的乐园。人或许也是一样吧。

只要听见树丛里有刺猬的动静，我便找个相对干净隐蔽的地方，将猫粮放下。起初它还会戒备，等我走了以后才会去吃，后来这道防御步骤也被省略，只要闻见或瞧见了猫粮，马上就摇摇摆摆地过来，埋头苦吃。

不知道为什么，看着眼前手掌大小的生物，心里并非因它可爱而生出喜悦，反而是格外难过。也许正因为它可爱，所以我才这么难过。而这个庞大城市的角落，有多少这样小而脆弱的生物在人类生活的背阴面里谋生呢？说它们脆弱好像也不公平，站在空调外机上叽叽喳喳的麻雀，嗖嗖从眼前逃遁的野猫，还有不管不顾的小刺猬，它们在这颗星球上存在了很久很久，它们并不脆弱，只是人类跳出了游戏规则，开挂作弊，显得所向披靡。

后来我想，刺猬还能吃些什么呢，森林里的刺猬一定也是吃野果的，既然是杂食动物，吃水果一定没有错。所以当天如果吃了苹果、樱桃之类，我也会揣上几小块或者几颗，若能遇上刺猬，便和它一起分享。它会不会把水果扎在背上带回窝呢？我总会幻想出这样的场景。

朱天心在随笔集《猎人们》里写过，有人不理解她救助街猫的举动，言必称非洲还有那么多人吃不饱饭，真要做善事，为什么不去帮助人，而是假惺惺为猫做公益。朱天心的回答是，你怎么知道救助猫的这些人没有去帮助过其他的人类呢，而且一个人，如果在面对弱小可爱的小动物时都没有本能的恻隐和爱护，还要为一点善意斤斤计较要不要师出有名，这样的人也不可能与他人为善。

这段话我一直记得，初读时可以说是恍然，是啊，对弱小的恻隐之心应当是生而为人的本能，是不需要用理智去反思、去掂量、去计算的，它只是一种情感上的本能而已啊。

既然我遇见了这只刺猬，我希望我能帮它多吃哪怕一口粮。

夏天是刺猬活动最频繁的季节，隔三岔五便能给它喂上一把猫粮，分享上一点水果，它进食的时候我就对它说，你今天过得怎么样，你有没有遇到危险，你交到朋友了吗？虽然我始终不曾知道，我所遇见的究竟是不是同一只刺猬。

有时看着它进食，我也会想一些过于自作多情的问题，如果小区里只有这么一只刺猬，它会不会孤单呢？它会不会害怕呢？它总是弄出这么大的动静，是不是也太容易被人发现了？是不是没有人教过它要蹑手蹑脚地讨生活呢？它有没有家人，会不会想念家人呢？

在看《我们诞生在中国》时，其中一段是雪豹妈妈在为孩子们捕猎，并且要同另外的几只雄性雪豹争夺食物和领地，

我默默希望她能守护住自己的地盘，能够成功捕猎，可也是在那一刻，我忽然意识到，我们站在了谁这一边，我们更熟悉谁的生活，我们以谁的视角看外面的世界，那我们自然就会更偏向谁。难道那些雄性雪豹就应该死在恶劣的风雪之中吗？当然不该，可我们的感情却倾倒给了那只雪豹妈妈，因为镜头在讲述她的故事。

人与人之间如此，人与动物之间也是如此，我认得你，我了解你，甚至给你起了名字，那么你在我这里就是绝对的正义，是自己人。

在《小王子》的故事里，狐狸说这叫驯养。可我想，我并没有驯养那只小刺猬，我们没有在固定时间固定地点见面，我没有给它起名字，它也没有试图靠近我，它不回应我的任何提问，也不表现出任何留恋。可是，我愿意每天带上猫粮出门，我愿意仔细聆听草丛里的动静，我想见到它，想确定它能吃到干净健康的食物。

也许它会出意外，也许它会生病，也许它会在某一时刻彻底从这个小区里消失，如果连续几天见不到它，如果很久很久见不到它，我一定会非常难过。

其实，都是我一意孤行，强行制造了与它之间的牵绊。

可是，夜深人静的时候，蹲在夏日茂盛的灌木丛边，看着它奋力进食，我心中那份幸福感是不掺水高纯度的。所以，并不是它离不开我的猫粮与水果，而是我离不开它。我用一些吃食，交换了一些名为牵绊的情感。

是它成全了我才对。

北京秋日短暂，冬天瞬息而至，夜晚的灌木丛再也没有了傻乎乎的热闹动静。我知道，刺猬冬眠了。

我要耐心地等过昼短夜长的冬月，等过一百多个寒冷的日夜，等着在春日重临的某个夜晚，听见草丛里熟悉的噼里啪啦。

我不知道我还能不能见到从前的那只刺猬。

我不知道我还能不能再见到刺猬。

总之，这个漫长的冬天，我依然揣着猫粮出门，像个多虑的老人家，生怕刺猬从冬眠中惊醒，因为饿肚子而死去。

这是我目前生活中，非常重要的一件小事。

刺猬

一岁、

郑重其事的每一天

　　有很多断裂，很多意外，有大雨滂沱，有冰雹砸落，可一一写下来之后，又不止有这些，它变成了渐渐醒来的一年，变成了仍在为生活尽力的一年。

人们用白驹过隙形容时光飞逝，我总是能想象出那个轻飘飘的画面，真是形象又怅然。又到了 2 月 14 日这一天，又到了坐下来，一点点回溯过往的时刻。

我习惯用生日来纪年，一岁便是一年，一岁走完，为自己做个总结，计算这一岁里读过的书，看过的电影，走过的风景，工作或生活上的一点收获，再用文字为数字做解，为喜欢的书和片子写简短的推荐，挑选旅行照片，认认真真做一份精致的记录，算是给过往一岁盖章存证。

这样做已经六年，每年生日前，便有朋友或者读者用各种方式提醒我，是不是要写今年的《一岁纪》了。他们说，每年等着你的总结好像成了一种习惯，每年做一份属于自己的总结都能惊讶地发现，原来我竟然做了这么多事，有得也有失。

有人说凡事经不起细细推敲，说过去了就过去了，不能回望，要往前走。可有时候，人生又非得这样细细推敲、不断回望不可。

今年是我三十岁的第一年，好像下了一场大暴雨，生活中各种各样的变故如泛滥的洪水接踵而至，以至于写一岁总结的第七年，我想要放弃了。当现实生活受到冲击，用爱好与工作筑起的花园围墙溃不成军。我在衰草枯杨中淋成一只落汤鸡，一点也不愿意回溯过去的一整年。我以为这是非常失望的一年，我以为这是一事无成的一年，我以

为这是笼罩在迷雾里的一年，没有一点长进，没有一刻松懈，常常陷入自我怀疑，觉得人生终于走上了将所得一一还回去的下坡路。

可我还是不能让这一岁就这样囫囵过去，六年的习惯根深蒂固，让我无法轻易放过自己。于是我干脆换了一种方式，从头开始，细细整理这一年的踪迹。心里想的是，与深渊凝视，盯久了，盯习惯了，也许就能麻木一点。

2019年2月，我例行公事去体检，结果意外检查出了身体状况，在等待一次次复查结果的那些日子里，生死这个问题不断划过脑海。那时我清清楚楚地意识到，我并不害怕那个最糟糕的可能，却怕家人为此操心、伤心，我的恐惧不在于自己，而在于牵扯我在意的人。好在暂时有惊无险，但也不能掉以轻心。也是在那个时候我开始思考，既然连那个最糟糕的结果都不怕，那人生究竟有多少事值得我恐惧？还有多少事不能放手去做呢？

知道人生有限是一回事，真正面对人生有限的可能又是另一回事。只有真正面对过，才能真正在心中衡量过在意和不在意的一切。我衡量过，思考过，也有了结果。

2019年3月，我决定给自己放个长假，在一个突如其来的雪天飞去了哈尔滨，住进好朋友家中。一张桌子吃饭，一张床上睡觉，穿一样的睡衣，每天都要喝一杯奶茶，一起去江边散步，说生活里的琐琐碎碎，像久违的宿舍生活。后来

先生也来了哈尔滨，我们便转到民宿去住。但三个人还是一起吃饭，一起去咖啡馆工作，一起喝奶茶。

一个月之后，好友就要离开故乡哈尔滨，换一个南方城市工作、生活。她总说："好突然啊，我以为自己一辈子都不会离开哈尔滨了，竟然这么容易就离开了。"

生活的转折好像从无预兆，但又早早埋下伏笔。这个悠长假期过后，我们都要面对某种意义上的新生活。

译作《兄弟》和《了不起的盖茨比》在这个下着雪的3月出版了。

2019年4月，1号当天是先生的生日，朋友下厨，做了长寿面，和我一起给他过生日。傍晚我们打车去机场，朋友在路边牵着她的边牧黑米冲我们挥手。这一个月的生活像一场从别处借来的梦。我放下手里的工作，睡了很多饱满而完整的觉，吃得多，想得少。

长篇小说《风从海上来》在这个月出版。

2019年5月底，奶奶突然去世，我回家住了一个多月，从春天住到夏天，大概失去至亲，会突然提醒我们应该多陪陪家人。

奶奶93岁，快要走完一个世纪那么久，久到医院下过四次病危通知，可她出院后平平安安又过了十年；久到家人每一年都在准备身后事，但又一年年地习惯了她永远都在。可她终究还是不在了。

有时我觉得，一个人不在了，就像一本书被永远焚毁，里面的人物与故事从此失传，你再也不可能读到。奶奶这一生很精彩，但我并不知道该如何讲述。

在殡仪馆看到她时，脸颊饱满，神态安详。我和奶奶摆了摆手，很认真地对她说，奶奶再见，有缘分我们下辈子还做家人。

奶奶是个很有性格的老太太，抽烟喝酒，穿金戴银，我从未见过的爷爷去世后她独自生活了三十八年，从不给自己委屈受，自己的事情只有自己能做主。

我住得离奶奶有些远，小时候奶奶每年夏天到家里来住

上一个月，给我做冬天穿的棉衣棉裤。我总能想起傍晚时分，她就着天光坐在阳台，戴着老花镜，一针一线，做累了，就点颗烟，眯着眼睛默默抽烟，心情好了就吐个烟圈给我看。给我讲讲爷爷是怎么在长江上贩盐，怎样从四川到上海，怎么穿一身体面长袍、戴白色礼帽、讲一口流利的日语和日本人做生意，讲特殊时期怎么把家里的银圆珠宝全都埋到烂泥水沟里，讲她差一点就跟着地下党去了南京干革命。这些故事在我听来就像遥远的古代一样，传奇，迷人，不可想象。

妈妈打来电话，告诉我奶奶去世时，我正在咖啡馆和先生一起工作。放下电话先生问怎么了，我的第一反应竟然是笑了一下，对，我笑了一下，仿佛刚刚是听人说了个荒谬的笑话，我说奶奶去世了，然后下一秒，我就哭了。我在奶奶身边的时间不多，但我身上像她的地方其实不少。

小时候奶奶觉得我爱吃果冻就拼命给我买果冻。有段时间她住在姑姑家，离我近了一些，大早上端着热腾腾的牛肉汤走了很远的路送来给我。到现在，每年过年也要硬塞给我压岁钱。

总之啊，我的奶奶是个非常厉害的93岁老太太，她叫王永珍，我很爱她，我知道她也很爱我。

2019年6月，整个六月我在家中，每天埋头工作，用工作拯救内心崩坏的秩序。好友H周末从外地回来，带我吃喝玩乐，夜晚一起散步喝酒，不知道给我买了多少杯咖啡和奶茶。

2019 年 7 月，我回到北京，住在隔壁小区的朋友因为先生工作的原因要离开北京，定居上海。我们吃了顿饭，一顿酒喝了八个小时，不知道下一次见面是什么时候，从此变成网友。

2019 年 8 月，我和先生因为一些事情需要处理，又去了一次哈尔滨。那半个月里，几乎日日下雨，我们常常在住处附近的漫咖啡工作到凌晨，有时打车回住处，有时慢吞吞地走回去。这一次没有 3 月的安逸，我每天为工作焦头烂额。

2019 年 9 月，法语原版音乐剧《巴黎圣母院》正在国内

巡演，我等了这台剧十年，可惜北京场的票太难买，顺手点开杭州站，发现最好的位置还空着许多，于是决定去看杭州站。就这样去了杭州，顺便去了迪士尼。

《用一本手账过好一年》出版。我觉得这本书的出版算是个有点励志的小故事，与手账做伴六年，在许多人看来也许我只是每天在四方小本上写写画画，但最终，这些写写画画的时光浓缩成了一本精致的书，出版后我收到了许多读者留言，有些是手账迷，有些是打算入坑的新手，这本小书对他们来讲有用，有共鸣，我很开心。

2019年10月，和先生一起完成了塞尔维亚与黑山之行，多数时候都是两个人驱车在遍布发卡弯的险峻山道上打转，夜宿深山之中，拾柴生火，趴在小木屋的阁楼窗口看漫天繁星，终于发现，一遍遍确认对山的喜欢。深山之中隔绝天地，又自有天地。

一个一个寻找地图上散落在山中的中世纪修道院，浓墨重彩的湿壁画，安静读书的修士，哭泣的东正教徒，历史，当下，安宁，苦难，时间的永恒与变迁，都像化石，留在了巴尔干的山中。

在这趟公路旅程上我完成了一本公路小说的翻译工作。在亚德里亚海边，我将定稿发到编辑的邮箱，伸了个懒腰，喝了一口罐子上画了雄狮的啤酒。

2019年11月，译作《生肉》出版。

　　颠簸动荡的一整年，我终于可以在北京的家中好好宅一宅。然而外婆因为心血管堵塞，要做第二次支架手术，妈妈每天在医院陪床，每次视频都觉得她瘦且累。

　　11 月 8 号是她的生日，她在医院和外婆一起吃了蛋糕。视频里外婆笑嘻嘻地和我打招呼，我才放下一点心来。

　　外婆刚刚出院，外公就因为慢阻肺的问题住院了。爸妈依然每天跑去医院，这回换成我爸和舅舅轮流陪床。

　　我好像第一次意识到了属于父母的疲惫与困境。

　　2019 年 12 月，在故乡的朋友结婚，两天后外公去世，我几乎不知道该用怎样的表情面对这样一个冬天。外婆去见外公最后一面时，在 ICU 握住他的手，哭着说我们回家吧，我

们不在这了，回家吧，是我这辈子听过最难受的话。

外公多年肺气肿加反复的肺部感染，导致呼吸衰竭，连了有创呼吸机，注射镇定剂，连接饲管注入流食，埋针注射药物，勉强维持。

我连忙搭高铁回家，下了火车的第一件事，是跟着父母去给外公的墓地交钱。财务办公室养了一条很大的红色鱼，目光锋利。

原本对所谓的维持没有概念，但进了 ICU，看到外公的模样，心里就清楚了，这是最后一面了。

他的手因输液而肿大，冰冷，摸摸额头，有温度。前面的床铺，探视的阿姨给老伴擦洗全身。身后床铺，探视的阿姨呼唤老伴，你睁睁眼，知不知道我来了，我扭头去看，见她用手撑开老伴的眼皮。

可我该说什么呢，我一直握着外公的手，给他理了理头发。

按照医生的说法，他或许是没有了意识，可我知道，他一定感觉得到，他一定什么都知道。

出了 ICU，我陪妈妈去给外公看用作寿衣的中山装，妈妈忽然接到外婆的电话，她在家里摔了一跤，坐在地上四十分钟没能爬起来。于是我们再一次回到医院，外公在八楼，外婆在七楼打石膏，手腕骨折，委屈得像小孩子。

这一年，她住院两次，两次都是动心脏支架手术，心血管堵塞百分之九十。外公进了 ICU 之后，她频繁忘记吃药，做事心不在焉，有时候我能看出她的手足无措，偶尔她会对我说，心急似火。我没用，词穷，根本不知能如何安慰。但我坚持，外婆一定要去见外公一面，原本家里人都不愿意让她去见。

我的外公是个老派的知识分子，是的，我只能用知识分子这种老气的词来形容他，写了一辈子材料，看了一辈子书，非常爱我的外婆，非常忧郁，常常心软掉眼泪。养过一只小白猫，一岁多的时候跑丢了，至今外公说起来还要伤心落泪。

外公记得很多很久很久以前的事情，只有我愿意听他讲。我也投桃报李，曾经很想写个历史小说，写了非常详细的大纲给外公看，外公很感兴趣，每年都要问我，你的历史小说还写吗？我总说以后写、以后写，如今再也没有以后了，是我亏欠的。

有一年，外婆去徐州看顾表妹，大概一个多月，外公每天来我家吃午饭，知道我爱吃巧克力，每天给我带巧克力，还不重样，一个月里把附近超市的所有巧克力都买过一遍。

外公与外婆是自由恋爱，外公从不吝于表达对她的爱。

外公离开的时候，妈妈与两个舅舅在 ICU，她说最后握住外公的手，外公的眼角流出了一滴眼泪。

后来我梦到过外公两次。梦里全家人一起吃饭，留出了外公的位置，大家都在等他回来，想和他一起拍张照。时间

到了，外公来了，他面朝窗口转过身来，眼睛是湿润的。梦里，我们都知道，外公是来告别的。

我总觉得自己有很多话想说，外公种的茉莉花，外公漫长的一生，可我能说的，好像只有我真的很爱很爱我的外公，外公外婆在我生命中的时间很多很多，给我的爱很多很多。

我这辈子最大的运气，或许就在于有很好很好很爱我的家人。

我已经找不到任何词汇能够形容这样一份爱。

外婆很克制，可她是非常非常伤心的，两个人走到最后，被留下的人，总是最伤心。妈妈将自己关在屋里哭了好几个晚上，而外婆一定也偷偷哭了很多次。

我的外公，他叫李桂文，人如其名，是桂花一样的人。我要把他写在这里，即使有一天我不能再记住他，他存在过的痕迹会存在于我写下过的文字里。

2020年1月，我依然没能明白，死亡究竟意味着什么。接连失去至亲，我还是不明白，不在了，是去了哪里？然而，我还来不及想明白自己的失去，这世上有许多人因为一场疾病，生活翻覆，失去亲人，失去生命。我终于明白，从前的一切都是幻觉，我们依然不堪一击，生活堡垒叠得再高，潮水一来，原形毕露。

可这恰恰，也是此刻用力去堆叠的意义。我们所拥有的，失去只是瞬间，还拥有的，只能拼命去珍惜，除此之外，别

无他法。

写到这里，我才真正意识到我究竟走过了怎样的一年。

如果不一一写下来，这一年在我的记忆中或许就是所谓"不太开心、有些丧气"的一年。

确实，有很多断裂，很多意外，有大雨滂沱，有冰雹砸落，可一一写下来之后，又不止有这些，它变成了渐渐醒来的一年，变成了仍在为生活尽力的一年。

这一年，我依然得到了许多的爱与善意，依然做了很多事，依然去了很多地方，依然有一些好好坏坏的经历，这是悲喜交加又格外真实的一年，是我直面人生的第一年。

这一年的每一天，我都郑重其事，不曾怠慢。

生活中的林林总总我都用力去珍惜了，即便无法永远收藏，它们也都在这一年里的某一刻，给过我最深的安慰。

一岁

年　月　日

WEEKLY PLANNER

MONDAY

DATE: _____

Goals:

1. _____
2. _____
3. _____
4. _____
5. _____

TUESDAY

WEDNESDAY

To do:

☐ _____
☐ _____
☐ _____
☐ _____
☐ _____
☐ _____
☐ _____
☐ _____
☐ _____
☐ _____

THURSDAY

FRIDAY

SATURDAY

Notes:

_____
_____
_____
_____
_____

SUNDAY

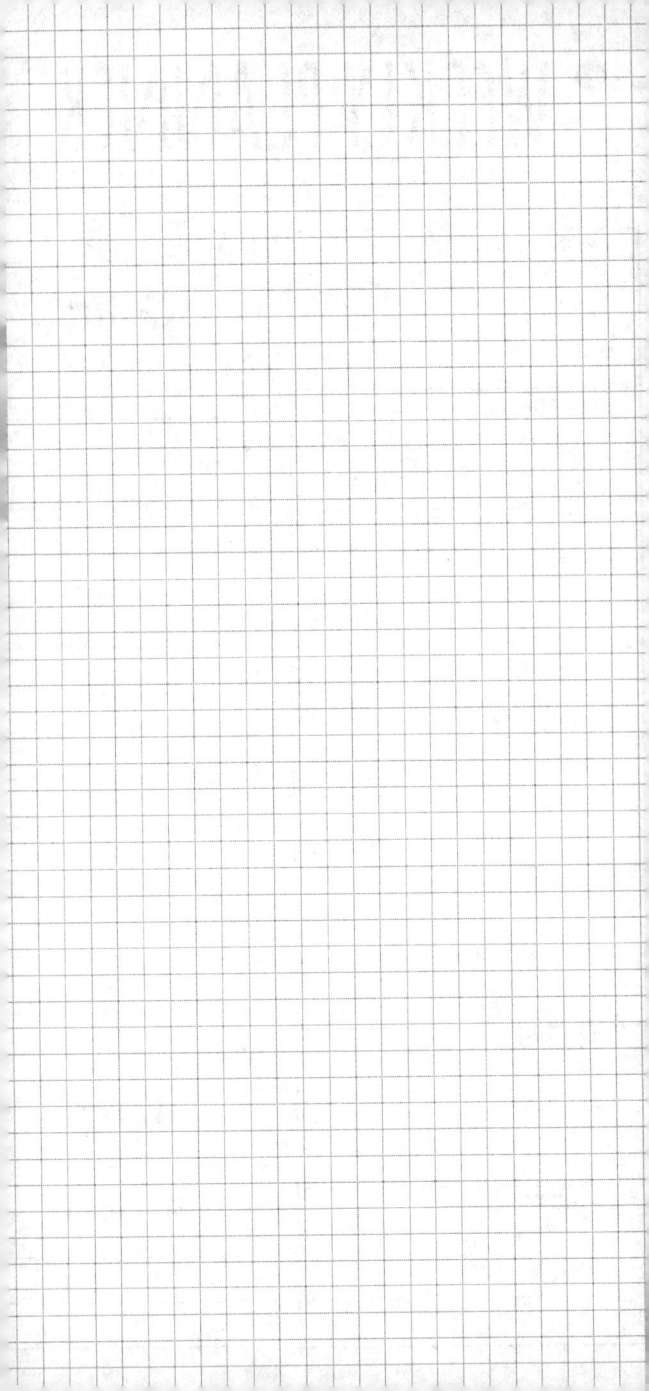

WEEKLY PLANNER

MONDAY	

DATE: _____

Goals:

1. _____
2. _____
3. _____
4. _____
5. _____

TUESDAY	

To do:

☐ _____
☐ _____
☐ _____
☐ _____
☐ _____

WEDNESDAY	

☐ _____
☐ _____
☐ _____
☐ _____
☐ _____

THURSDAY	

FRIDAY	

Notes:

SATURDAY	

_____
_____
_____

SUNDAY	

_____
_____

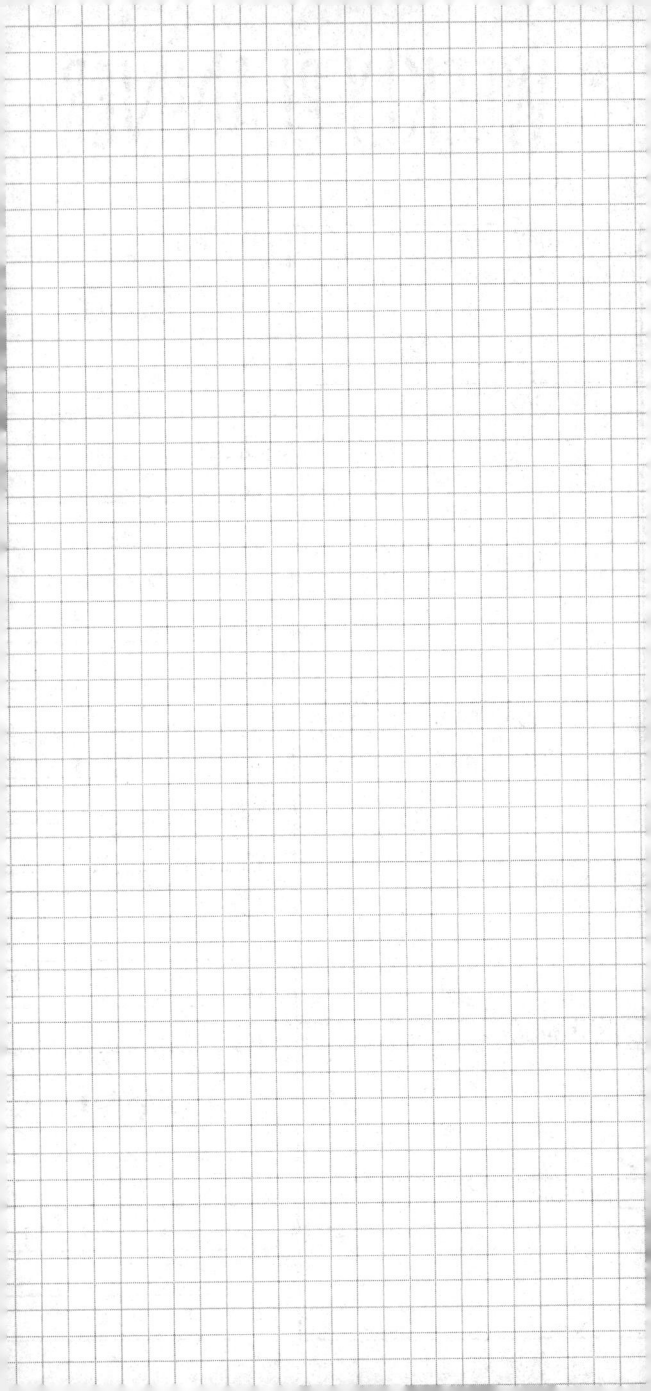

WEEKLY PLANNER

MONDAY

TUESDAY

WEDNESDAY

THURSDAY

FRIDAY

SATURDAY

SUNDAY

DATE: _____

Goals:

1. _____
2. _____
3. _____
4. _____
5. _____

To do:

☐ _____
☐ _____
☐ _____
☐ _____
☐ _____
☐ _____
☐ _____
☐ _____
☐ _____
☐ _____

Notes:

_____
_____
_____
_____
_____

WEEKLY PLANNER

☐ MONDAY

☐ TUESDAY

☐ WEDNESDAY

☐ THURSDAY

☐ FRIDAY

☐ SATURDAY

☐ SUNDAY

DATE: _____

Goals:

1. _____
2. _____
3. _____
4. _____
5. _____

To do:

☐ _____
☐ _____
☐ _____
☐ _____
☐ _____
☐ _____
☐ _____
☐ _____
☐ _____
☐ _____

Notes:

_____
_____
_____
_____
_____

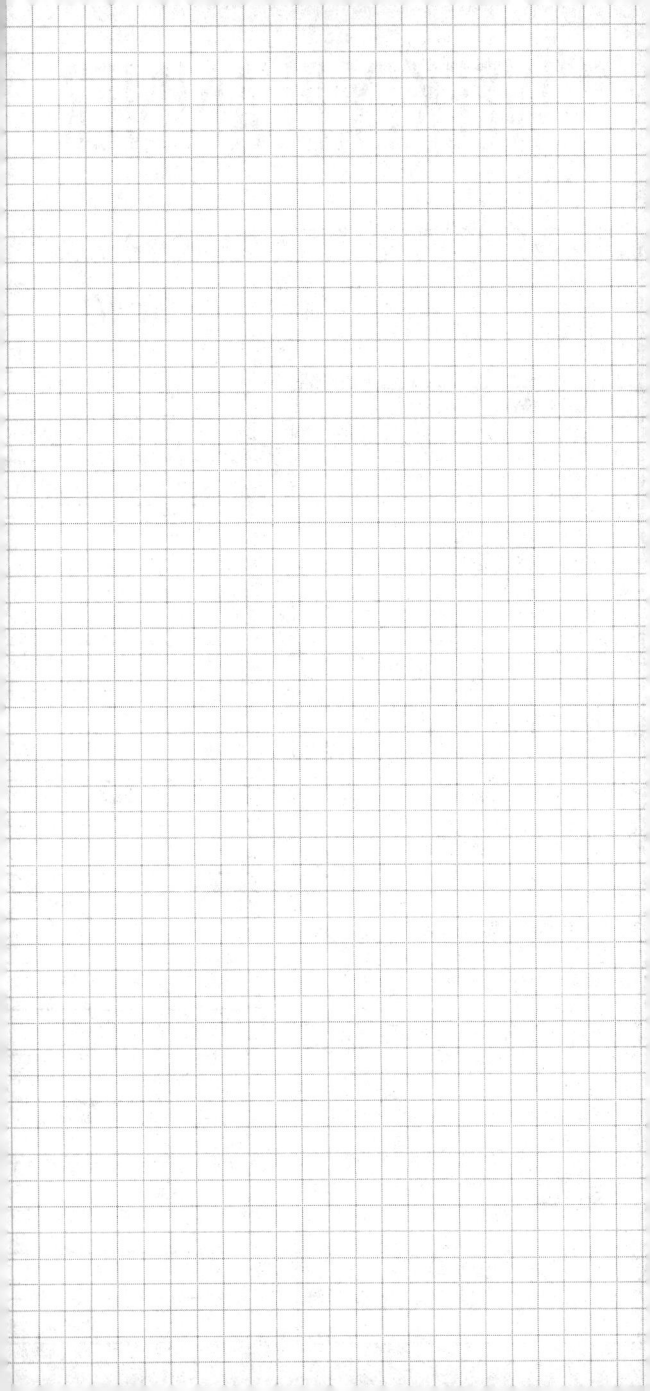

WEEKLY PLANNER

MONDAY ☐

TUESDAY ☐

WEDNESDAY ☐

THURSDAY ☐

FRIDAY ☐

SATURDAY ☐

SUNDAY ☐

DATE: _____

Goals:

1. _____
2. _____
3. _____
4. _____
5. _____

To do:

☐ _____
☐ _____
☐ _____
☐ _____
☐ _____
☐ _____
☐ _____
☐ _____
☐ _____
☐ _____

Notes:

_____
_____
_____
_____
_____

WEEKLY PLANNER

MONDAY

TUESDAY

WEDNESDAY

THURSDAY

FRIDAY

SATURDAY

SUNDAY

DATE: _____

Goals:

1. _____
2. _____
3. _____
4. _____
5. _____

To do:

☐ _____
☐ _____
☐ _____
☐ _____
☐ _____

☐ _____
☐ _____
☐ _____
☐ _____
☐ _____

Notes:

_____
_____
_____
_____
_____

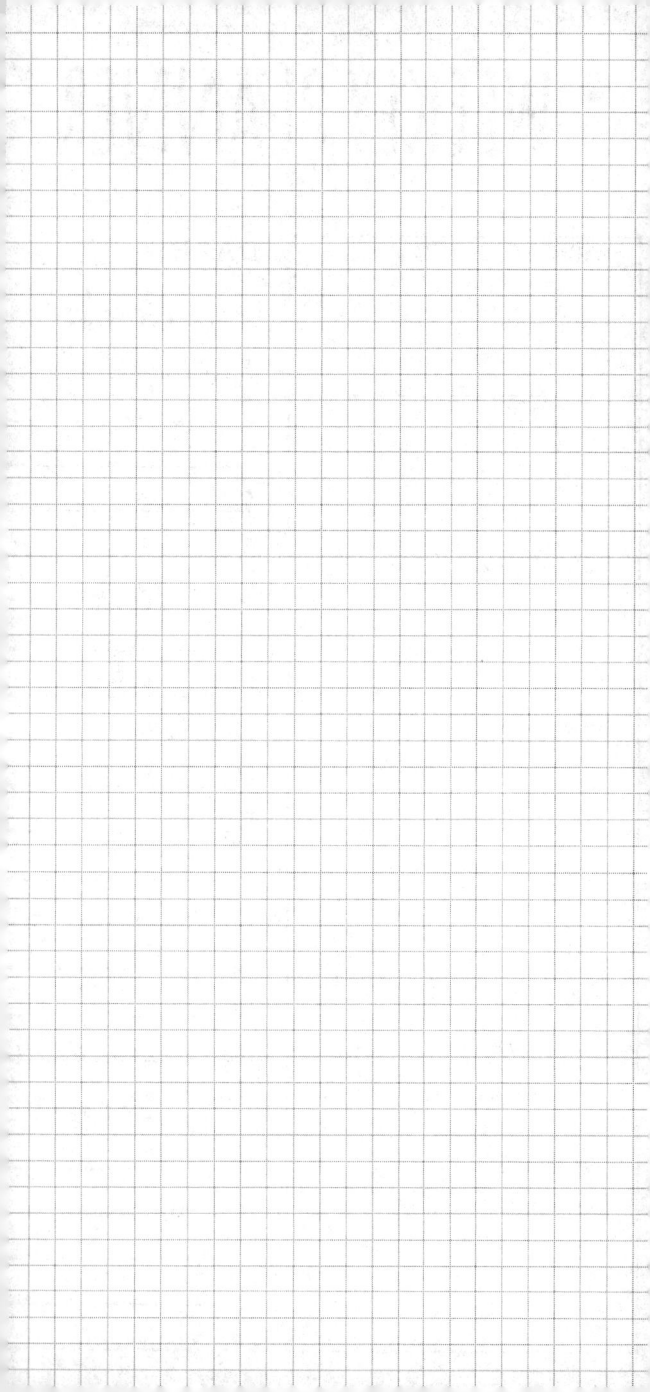

WEEKLY PLANNER

☐ MONDAY

☐ TUESDAY

☐ WEDNESDAY

☐ THURSDAY

☐ FRIDAY

☐ SATURDAY

☐ SUNDAY

DATE: _____

Goals:

1. _____
2. _____
3. _____
4. _____
5. _____

To do:

☐ _____
☐ _____
☐ _____
☐ _____
☐ _____

☐ _____
☐ _____
☐ _____
☐ _____
☐ _____

Notes:

_____
_____
_____
_____
_____

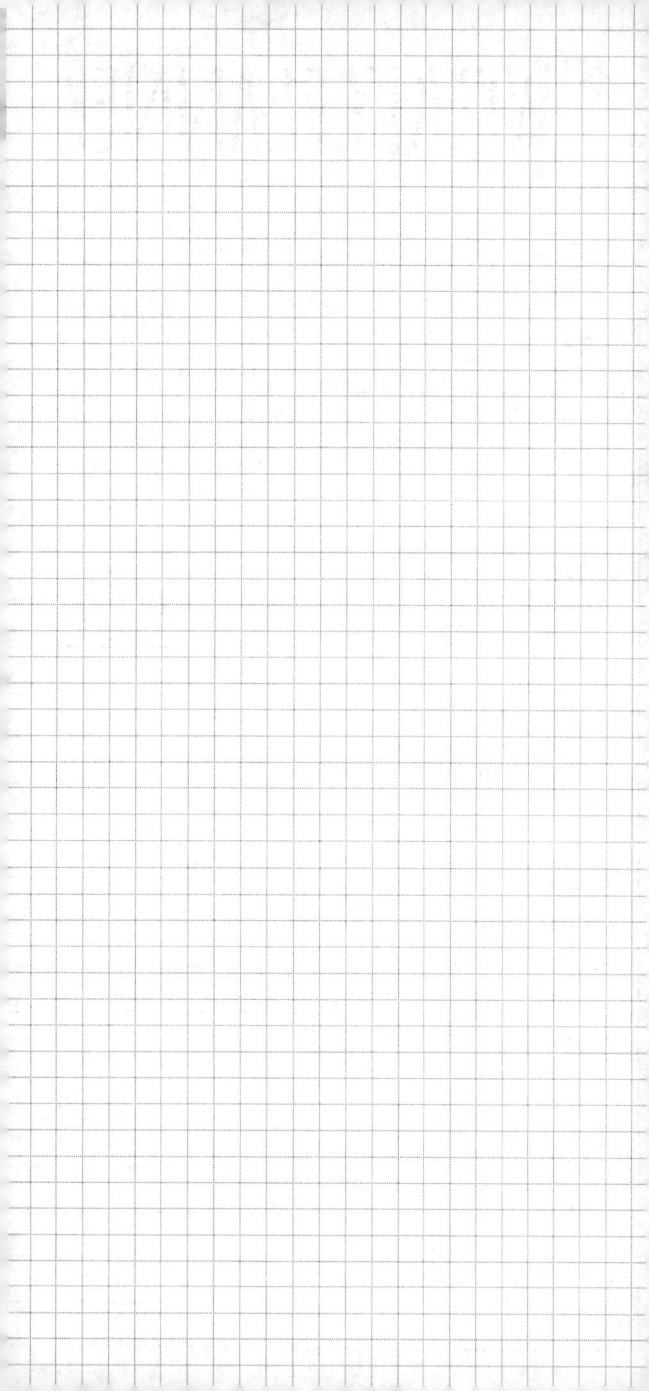

WEEKLY PLANNER

MONDAY

DATE: _____

Goals:

1. _____
2. _____
3. _____
4. _____
5. _____

TUESDAY

WEDNESDAY

To do:

☐ _____
☐ _____
☐ _____
☐ _____
☐ _____
☐ _____
☐ _____
☐ _____
☐ _____
☐ _____

THURSDAY

FRIDAY

SATURDAY

Notes:

_____
_____
_____
_____
_____

SUNDAY

WEEKLY PLANNER

MONDAY	DATE: _____

Goals:

1. _____
2. _____
3. _____
4. _____
5. _____

TUESDAY

WEDNESDAY

To do:

☐ _____
☐ _____
☐ _____
☐ _____
☐ _____
☐ _____
☐ _____
☐ _____
☐ _____
☐ _____

THURSDAY

FRIDAY

SATURDAY

Notes:

_____
_____
_____
_____
_____

SUNDAY

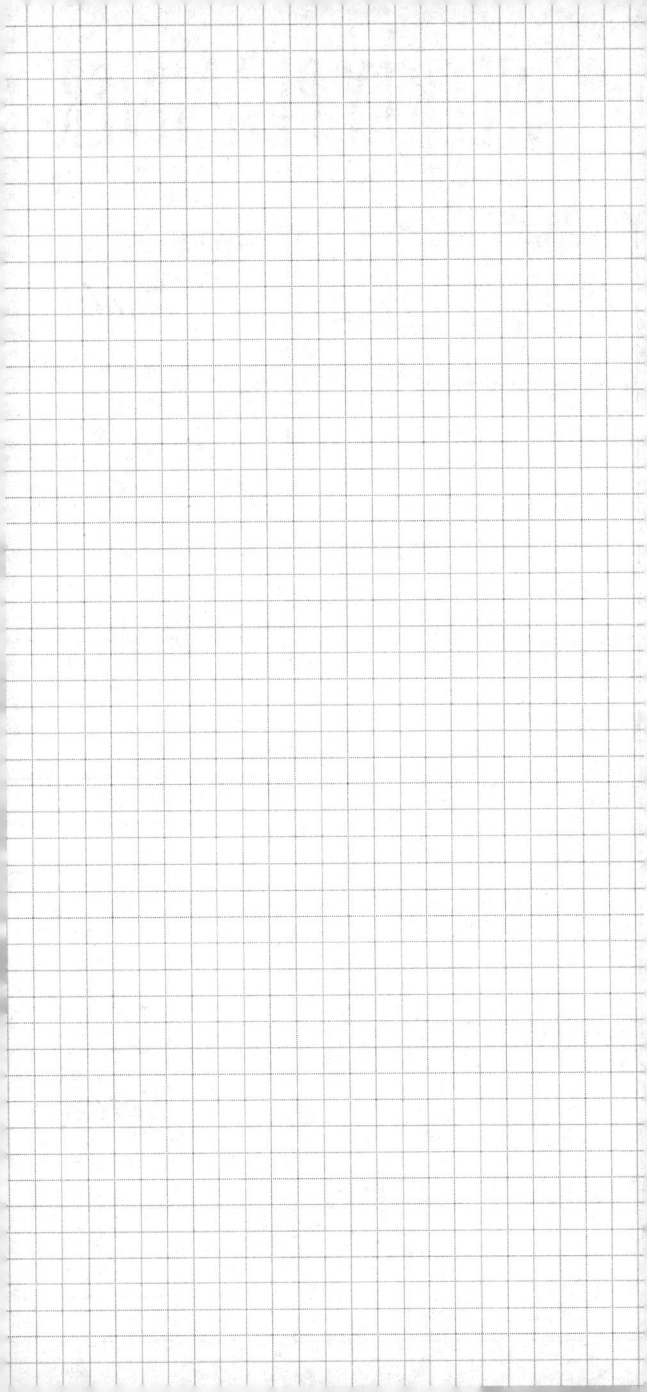

WEEKLY PLANNER

MONDAY

TUESDAY

WEDNESDAY

THURSDAY

FRIDAY

SATURDAY

SUNDAY

DATE: _____

Goals:

1. _____
2. _____
3. _____
4. _____
5. _____

To do:

☐ _____
☐ _____
☐ _____
☐ _____
☐ _____
☐ _____
☐ _____
☐ _____
☐ _____
☐ _____

Notes:

_____
_____
_____
_____
_____

WEEKLY PLANNER

☐ MONDAY

☐ TUESDAY

☐ WEDNESDAY

☐ THURSDAY

☐ FRIDAY

☐ SATURDAY

☐ SUNDAY

DATE: _____

Goals:

1. _____
2. _____
3. _____
4. _____
5. _____

To do:

☐ _____
☐ _____
☐ _____
☐ _____
☐ _____
☐ _____
☐ _____
☐ _____
☐ _____
☐ _____

Notes:

_____
_____
_____
_____
_____

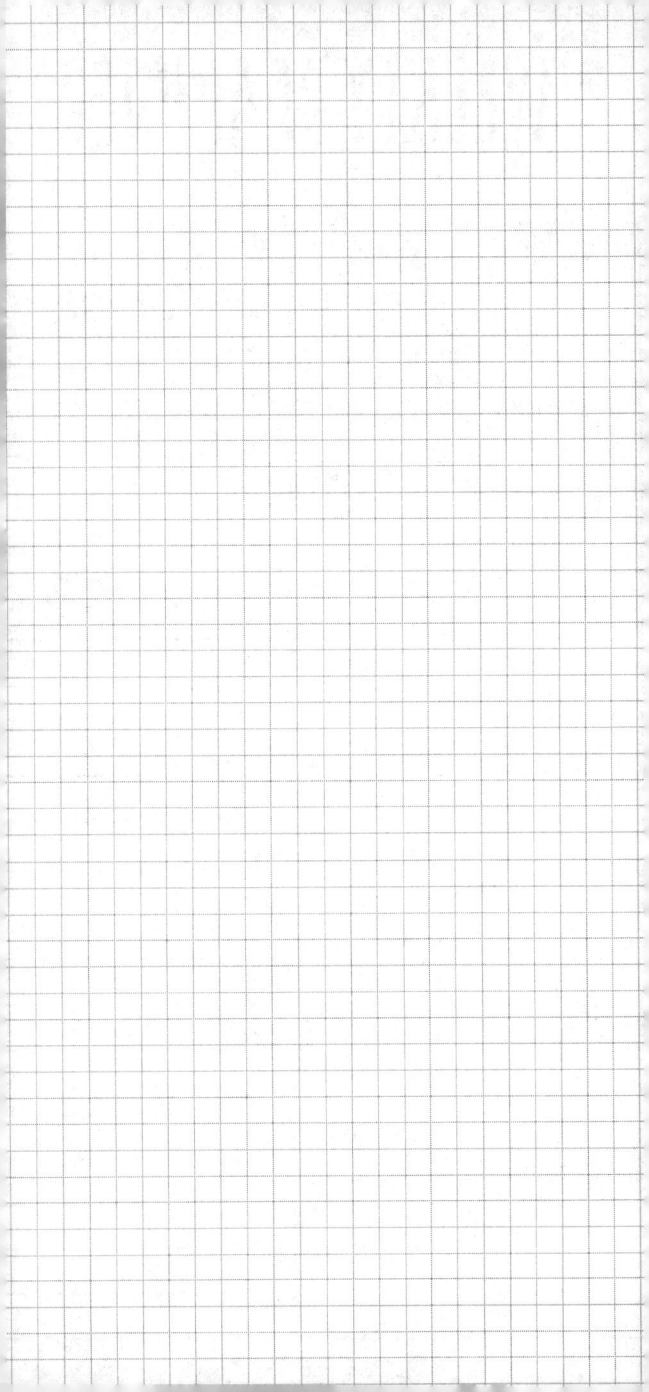

㊶ WEEKLY PLANNER

MONDAY

TUESDAY

WEDNESDAY

THURSDAY

FRIDAY

SATURDAY

SUNDAY

DATE: _____

Goals:

1. _____
2. _____
3. _____
4. _____
5. _____

To do:

☐ _____
☐ _____
☐ _____
☐ _____
☐ _____
☐ _____
☐ _____
☐ _____
☐ _____
☐ _____

Notes:

_____
_____
_____
_____
_____

WEEKLY PLANNER

MONDAY

TUESDAY

WEDNESDAY

THURSDAY

FRIDAY

SATURDAY

SUNDAY

DATE: _____

Goals:

1. _____
2. _____
3. _____
4. _____
5. _____

To do:

☐ _____
☐ _____
☐ _____
☐ _____
☐ _____
☐ _____
☐ _____
☐ _____
☐ _____
☐ _____

Notes:

_____
_____
_____
_____
_____

冬 Winter

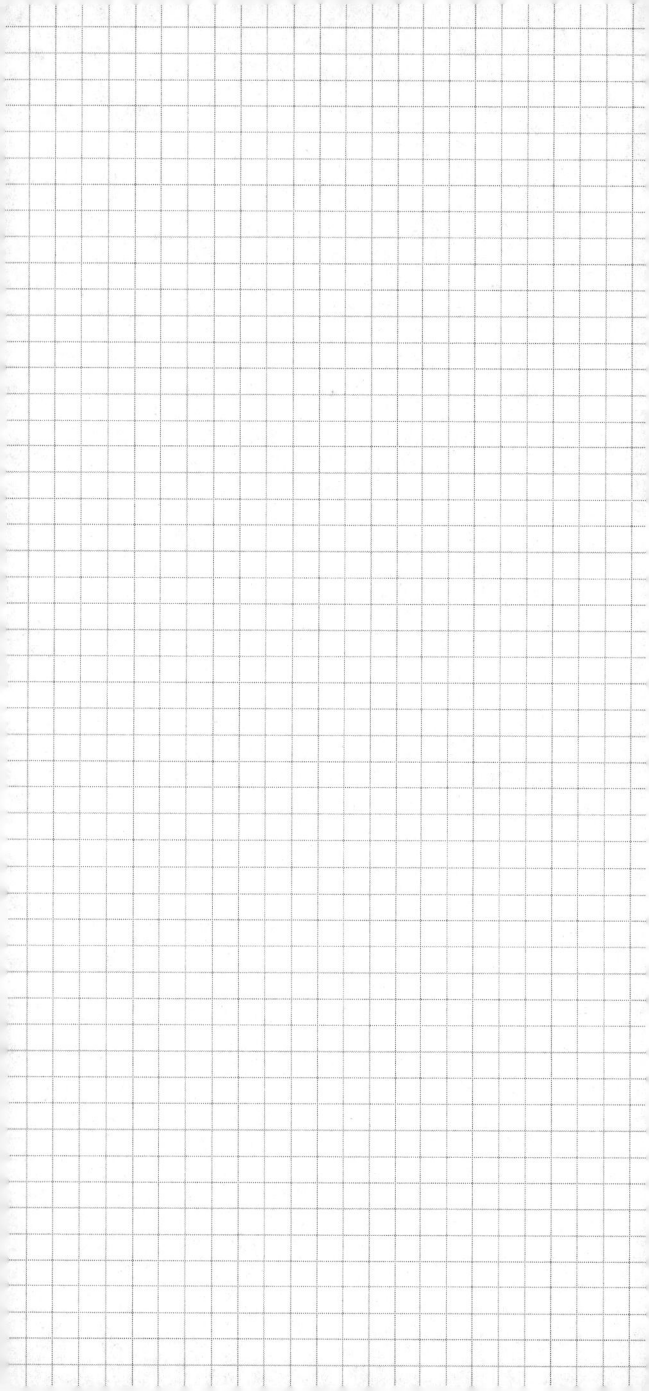

WEEKLY PLANNER

MONDAY

TUESDAY

WEDNESDAY

THURSDAY

FRIDAY

SATURDAY

SUNDAY

DATE: _____

Goals:

1. _____
2. _____
3. _____
4. _____
5. _____

To do:

☐ _____
☐ _____
☐ _____
☐ _____
☐ _____
☐ _____
☐ _____
☐ _____
☐ _____
☐ _____

Notes:

_____
_____
_____
_____
_____

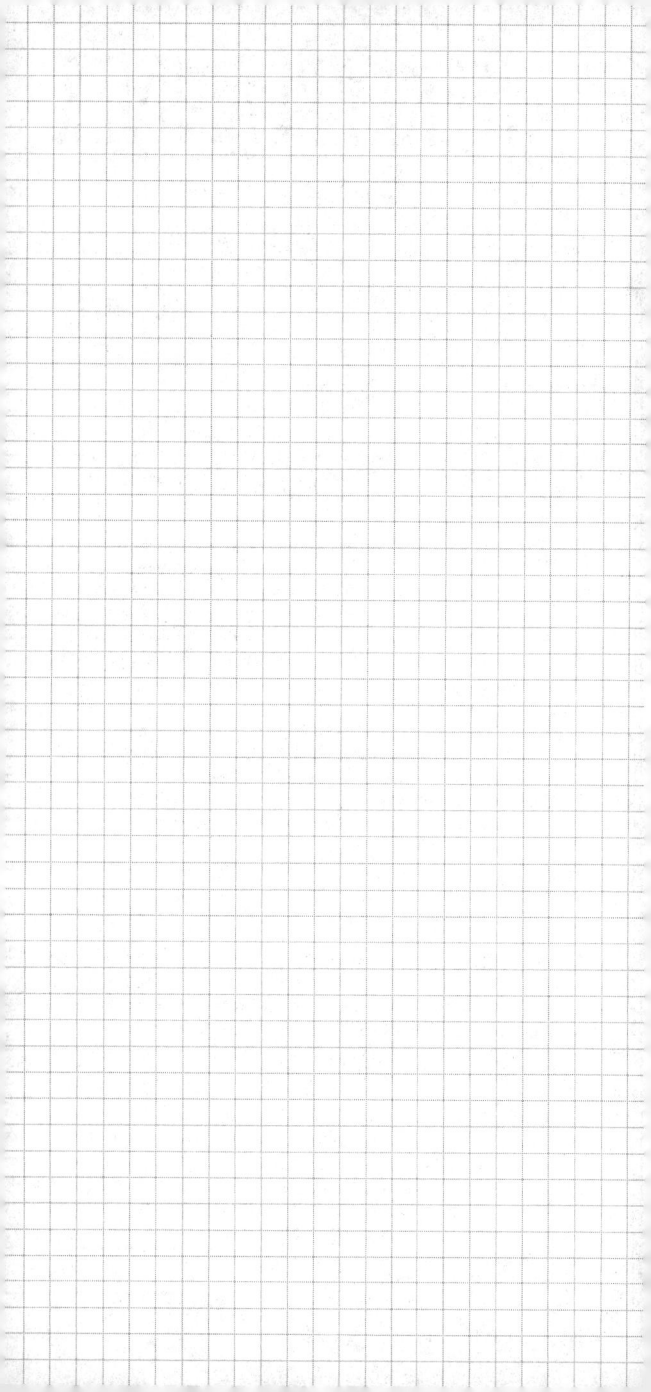

WEEKLY PLANNER

| MONDAY | DATE: _____ |
| | |

Goals:

1. _____
2. _____
3. _____
4. _____
5. _____

TUESDAY

To do:

WEDNESDAY

☐ _____
☐ _____

THURSDAY

☐ _____
☐ _____
☐ _____

FRIDAY

☐ _____
☐ _____
☐ _____
☐ _____

SATURDAY

☐ _____

Notes:

SUNDAY

_____
_____
_____
_____
_____

WEEKLY PLANNER

MONDAY

DATE: _____

Goals:

1. _____
2. _____
3. _____
4. _____
5. _____

TUESDAY

To do:

☐ _____
☐ _____

WEDNESDAY

☐ _____
☐ _____
☐ _____

THURSDAY

☐ _____
☐ _____
☐ _____

FRIDAY

☐ _____
☐ _____

SATURDAY

☐ _____

Notes:

_____
_____

SUNDAY

_____
_____
_____
_____

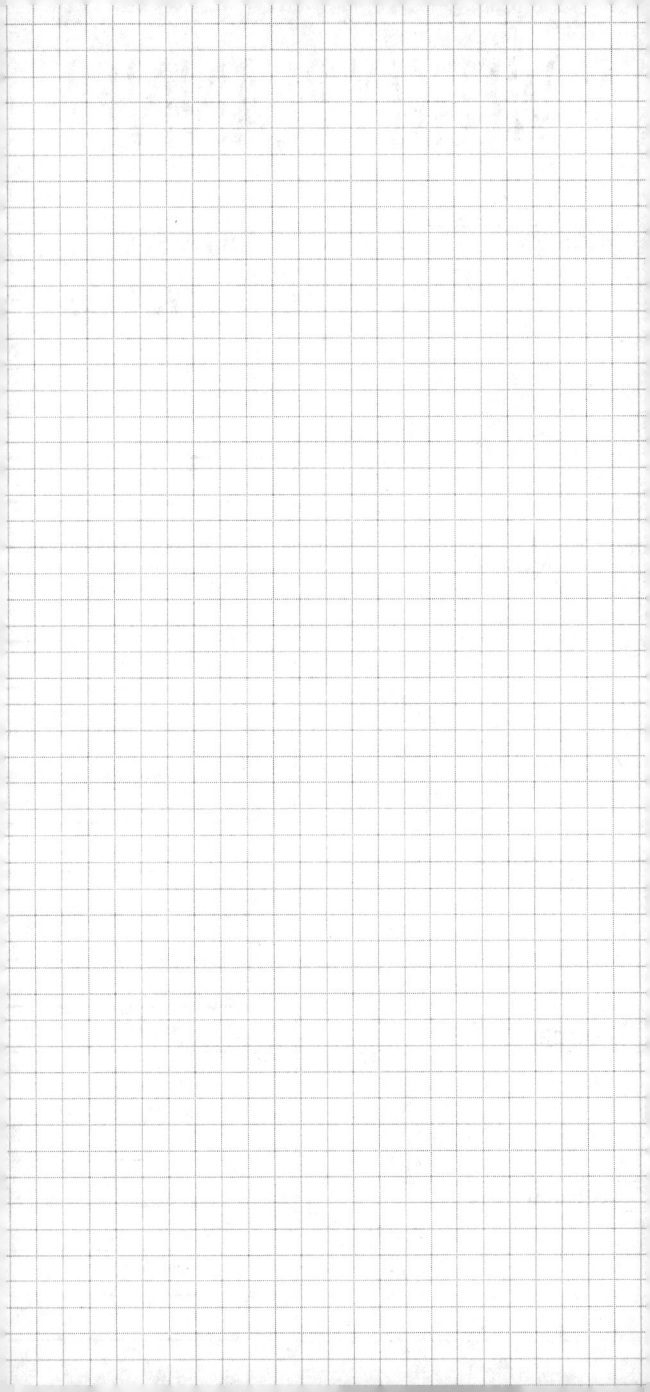

WEEKLY PLANNER

| MONDAY | DATE: _____ |

Goals:

1. _____
2. _____
3. _____
4. _____
5. _____

TUESDAY

To do:

☐ _____
☐ _____

WEDNESDAY

☐ _____
☐ _____
☐ _____

THURSDAY

☐ _____
☐ _____
☐ _____

FRIDAY

☐ _____
☐ _____

SATURDAY

Notes:

_____
_____
_____

SUNDAY

_____
_____

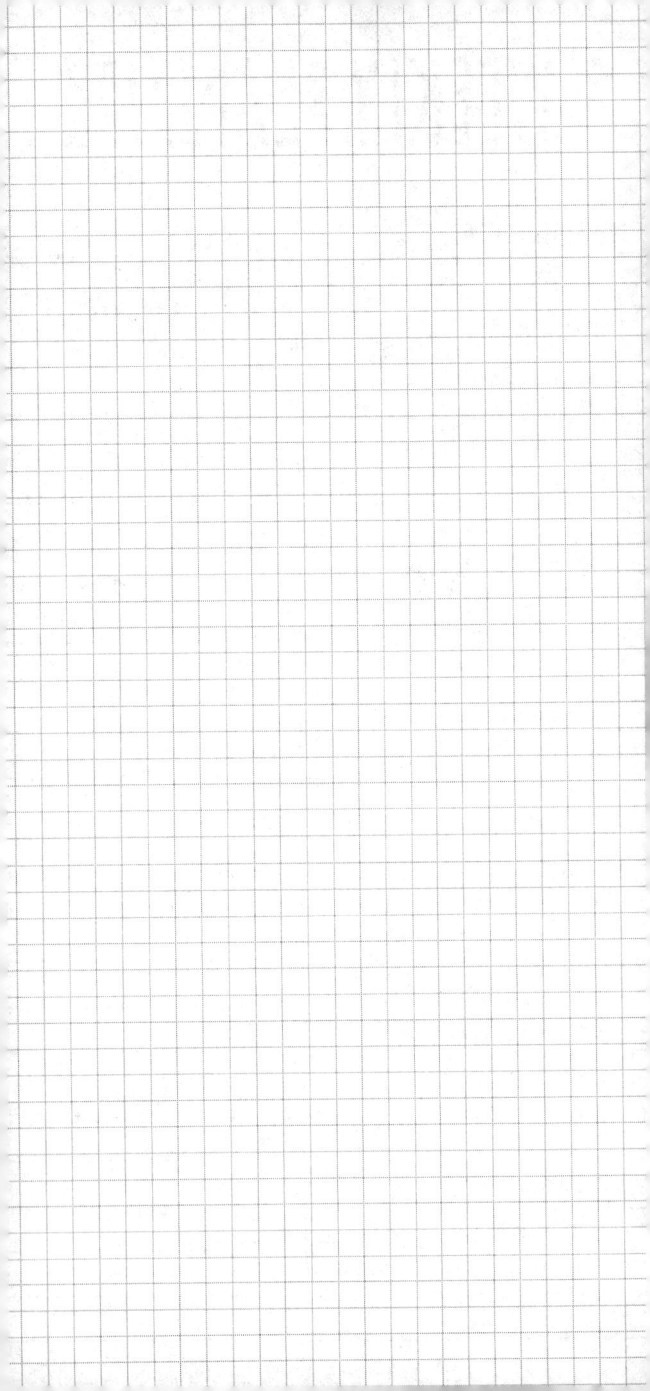

WEEKLY PLANNER

MONDAY

TUESDAY

WEDNESDAY

THURSDAY

FRIDAY

SATURDAY

SUNDAY

DATE: _____

Goals:

1. _____
2. _____
3. _____
4. _____
5. _____

To do:

☐ _____
☐ _____
☐ _____
☐ _____
☐ _____
☐ _____
☐ _____
☐ _____
☐ _____
☐ _____

Notes:

_____
_____
_____
_____
_____

WEEKLY PLANNER

☐ MONDAY

☐ TUESDAY

☐ WEDNESDAY

☐ THURSDAY

☐ FRIDAY

☐ SATURDAY

☐ SUNDAY

DATE: _____

Goals:

1. _____
2. _____
3. _____
4. _____
5. _____

To do:

☐ _____
☐ _____
☐ _____
☐ _____
☐ _____
☐ _____
☐ _____
☐ _____
☐ _____
☐ _____

Notes:

_____
_____
_____
_____
_____

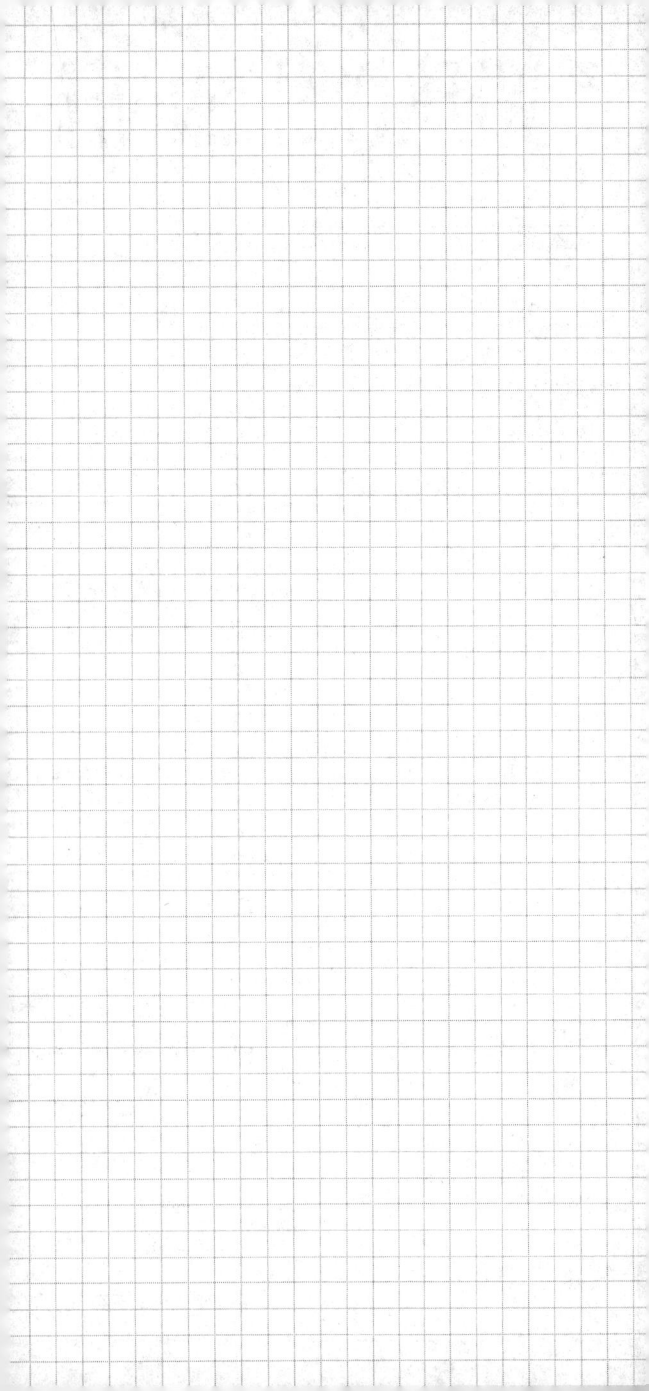

WEEKLY PLANNER

| MONDAY | DATE: _____ |

Goals:

1. _____
2. _____
3. _____
4. _____
5. _____

| TUESDAY |

| WEDNESDAY |

To do:

☐ _____
☐ _____
☐ _____
☐ _____
☐ _____
☐ _____
☐ _____
☐ _____
☐ _____
☐ _____

| THURSDAY |

| FRIDAY |

| SATURDAY |

Notes:

_____
_____
_____
_____
_____

| SUNDAY |

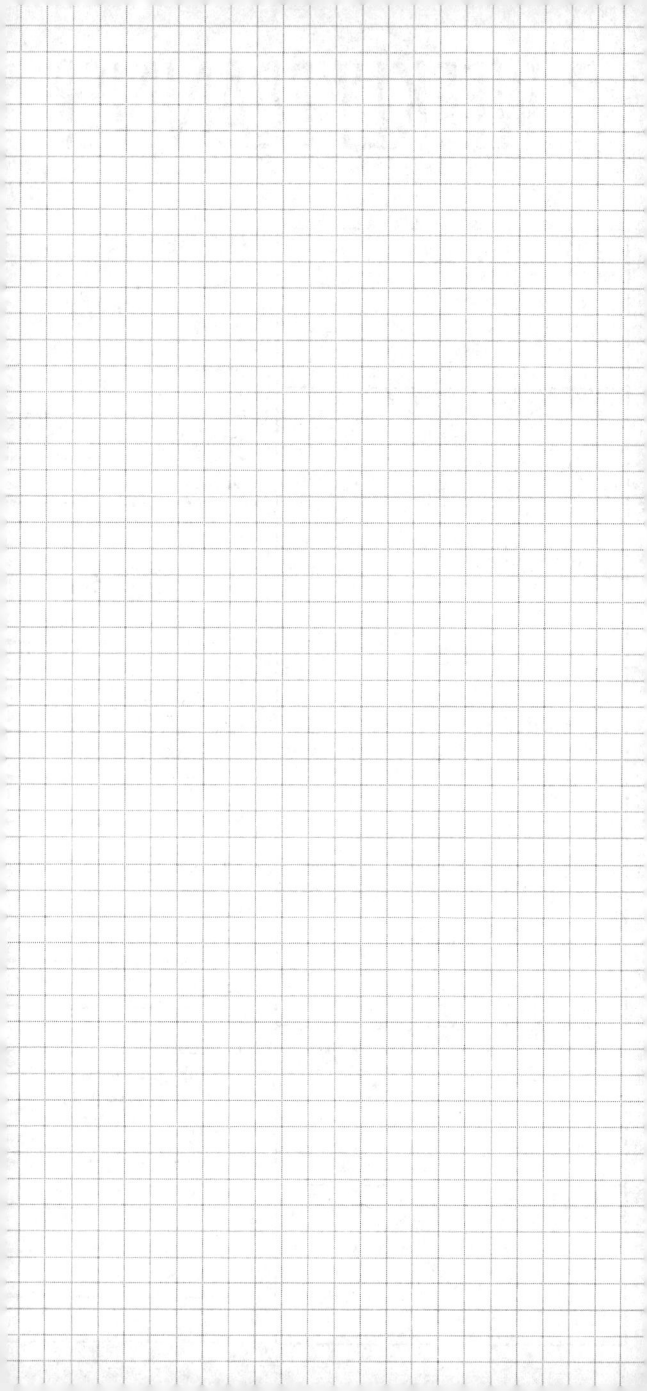

WEEKLY PLANNER

☐ MONDAY

☐ TUESDAY

☐ WEDNESDAY

☐ THURSDAY

☐ FRIDAY

☐ SATURDAY

☐ SUNDAY

DATE: _____

Goals:

1. _____
2. _____
3. _____
4. _____
5. _____

To do:

☐ _____
☐ _____
☐ _____
☐ _____
☐ _____
☐ _____
☐ _____
☐ _____
☐ _____
☐ _____

Notes:

_____
_____
_____
_____
_____

WEEKLY PLANNER

☐ MONDAY	DATE: _____
	Goals:
	*1.*_____
☐ TUESDAY	*2.*_____
	*3.*_____
	*4.*_____
	*5.*_____
☐ WEDNESDAY	*To do:*
	☐_____
	☐_____
☐ THURSDAY	☐_____
	☐_____
	☐_____
☐ FRIDAY	☐_____
	☐_____
	☐_____
	☐_____
☐ SATURDAY	☐_____
	Notes:
☐ SUNDAY	_____
	_____
	_____
	_____
	_____

WEEKLY PLANNER

MONDAY	DATE: _____

Goals:

1. _____
2. _____
3. _____
4. _____
5. _____

TUESDAY

WEDNESDAY

To do:

☐ _____
☐ _____
☐ _____
☐ _____
☐ _____
☐ _____
☐ _____
☐ _____
☐ _____
☐ _____

THURSDAY

FRIDAY

SATURDAY

Notes:

_____
_____
_____
_____
_____
_____

SUNDAY

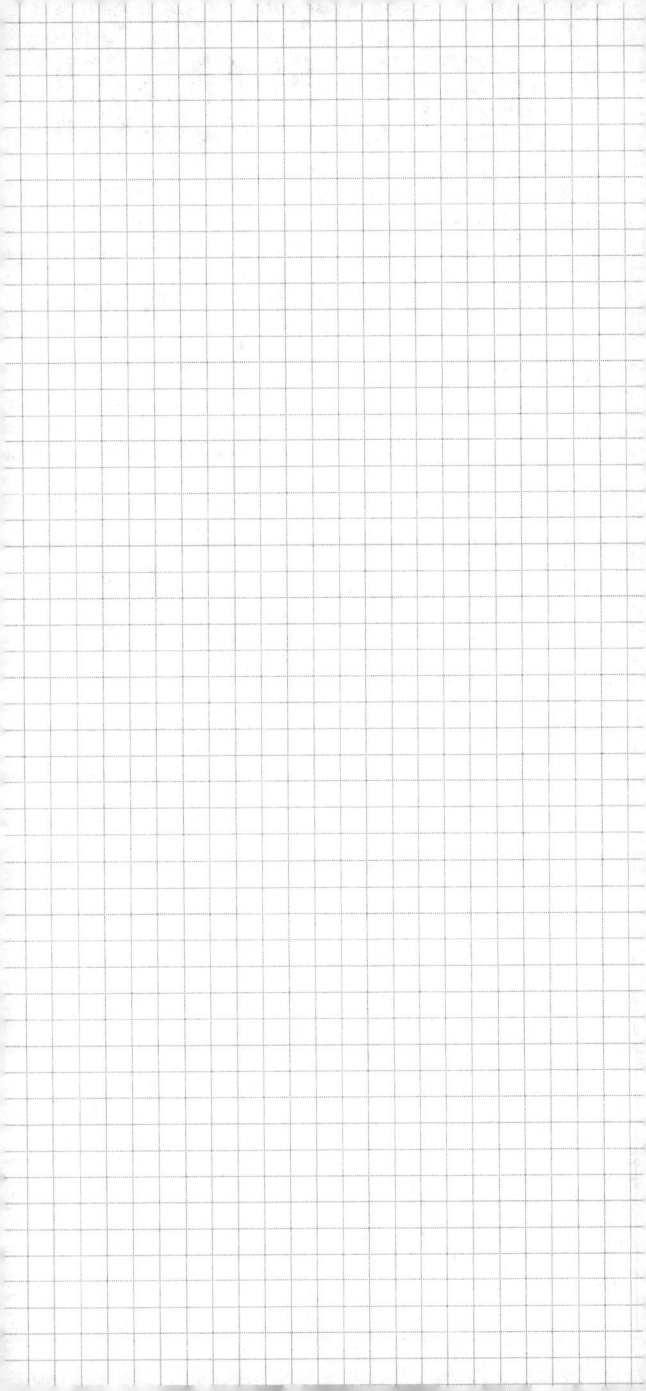

WEEKLY PLANNER

☐ MONDAY

☐ TUESDAY

☐ WEDNESDAY

☐ THURSDAY

☐ FRIDAY

☐ SATURDAY

☐ SUNDAY

DATE: _____

Goals:

1. _____
2. _____
3. _____
4. _____
5. _____

To do:

☐ _____
☐ _____
☐ _____
☐ _____
☐ _____
☐ _____
☐ _____
☐ _____
☐ _____
☐ _____

Notes:

_____
_____
_____
_____
_____

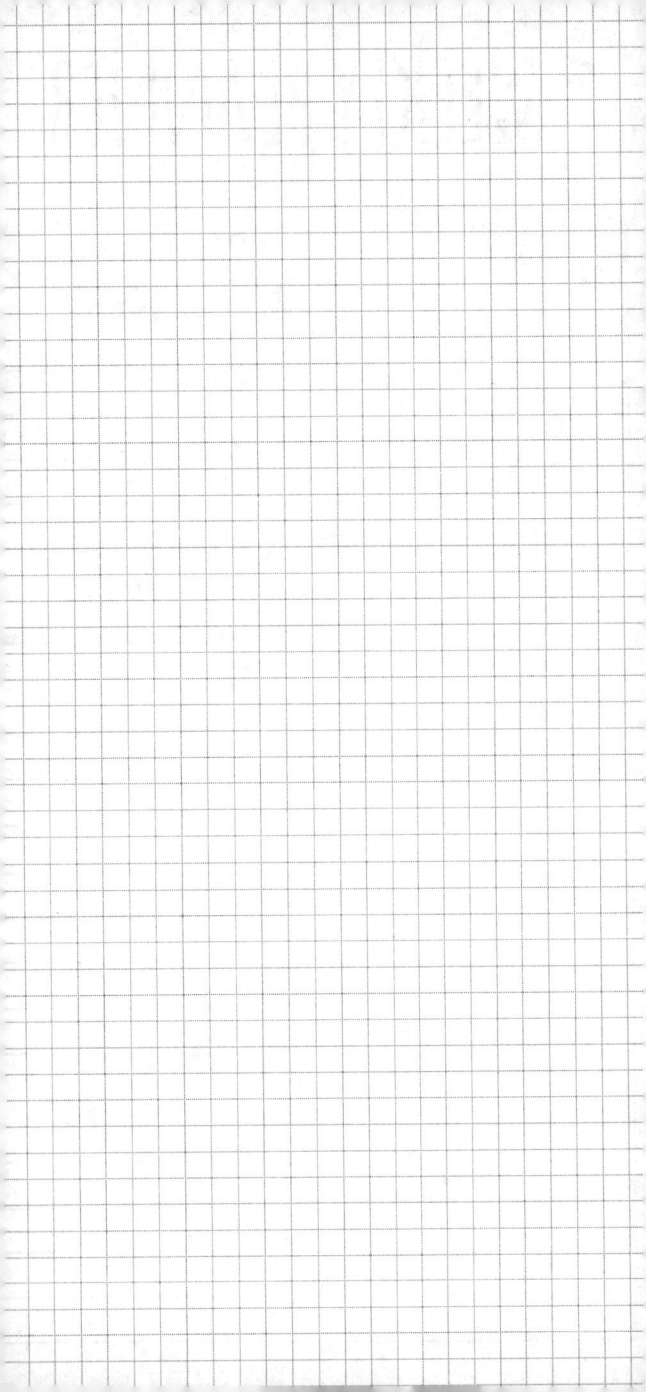

WEEKLY PLANNER

☐ MONDAY	DATE: _____
	Goals:
	1. _____
☐ TUESDAY	*2.* _____
	3. _____
	4. _____
	5. _____
☐ WEDNESDAY	*To do:*
	☐ _____
	☐ _____
☐ THURSDAY	☐ _____
	☐ _____
	☐ _____
☐ FRIDAY	☐ _____
	☐ _____
	☐ _____
	☐ _____
☐ SATURDAY	☐ _____
	Notes:
☐ SUNDAY	_____
	_____
	_____
	_____
	_____

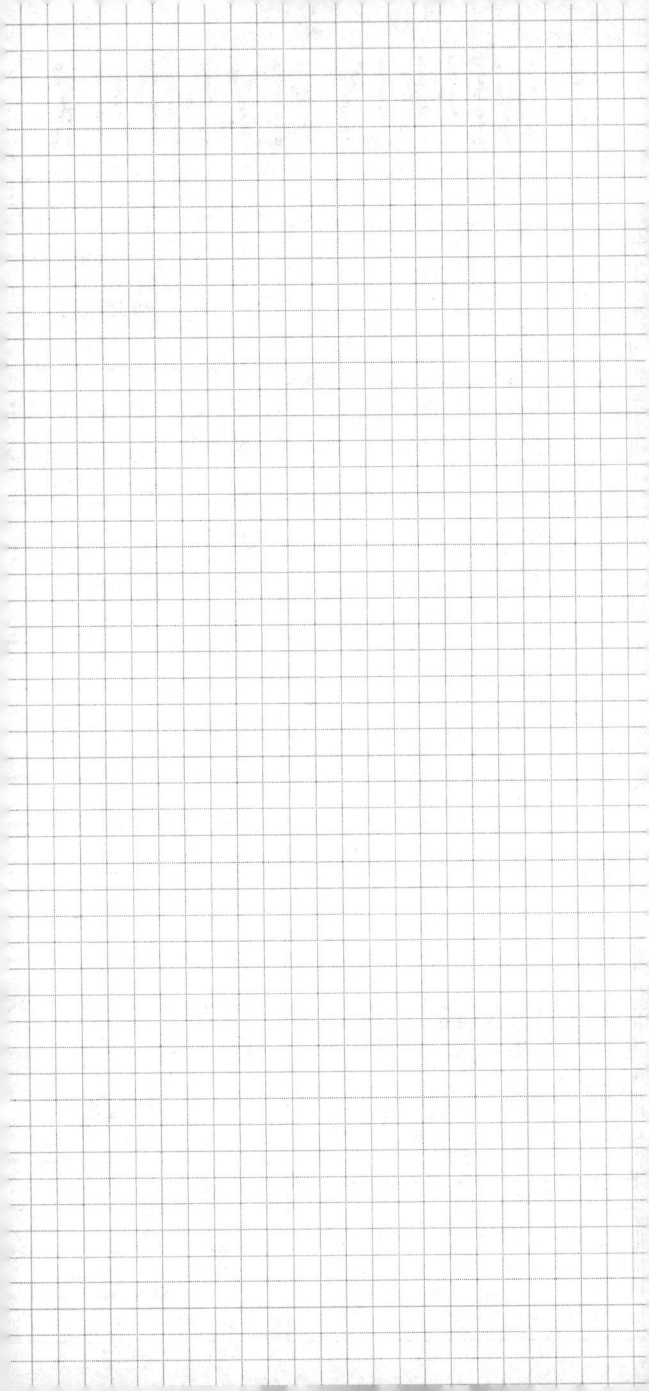

WEEKLY PLANNER

MONDAY

TUESDAY

WEDNESDAY

THURSDAY

FRIDAY

SATURDAY

SUNDAY

DATE: _____

Goals:

1. _____
2. _____
3. _____
4. _____
5. _____

To do:

☐ _____
☐ _____
☐ _____
☐ _____
☐ _____
☐ _____
☐ _____
☐ _____
☐ _____
☐ _____

Notes:

_____
_____
_____
_____
_____

秋 Autumn

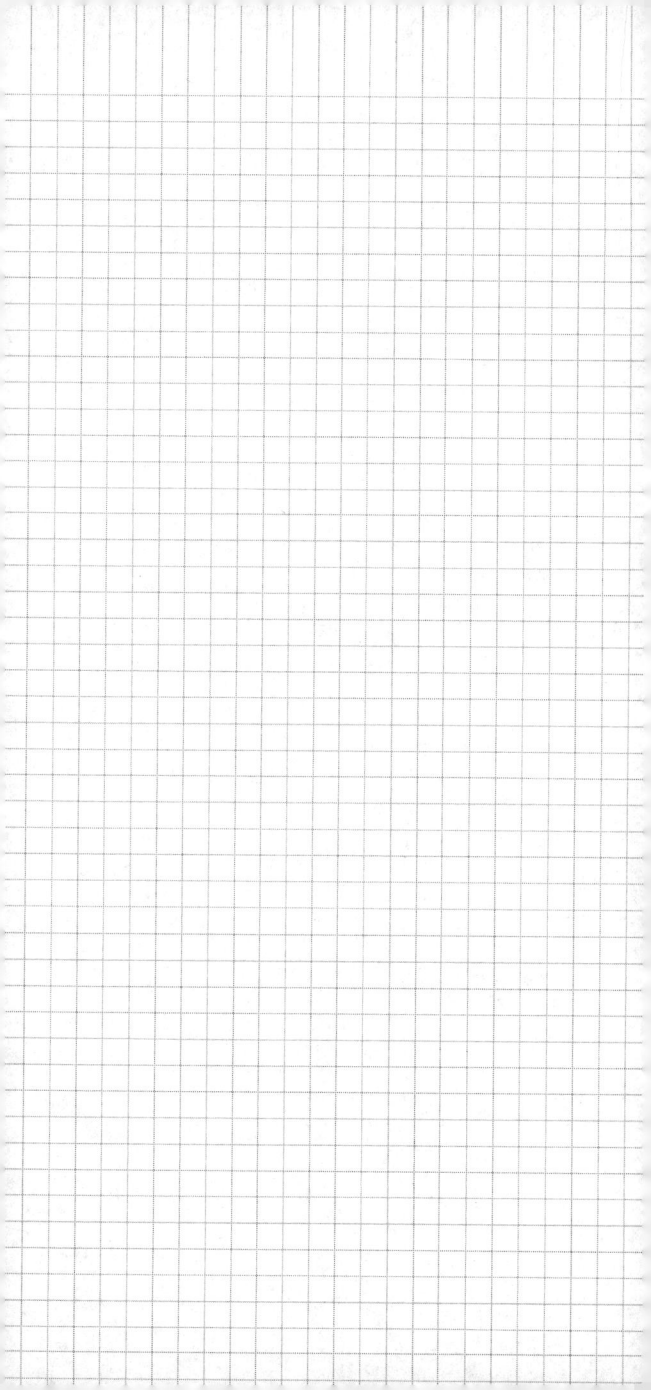

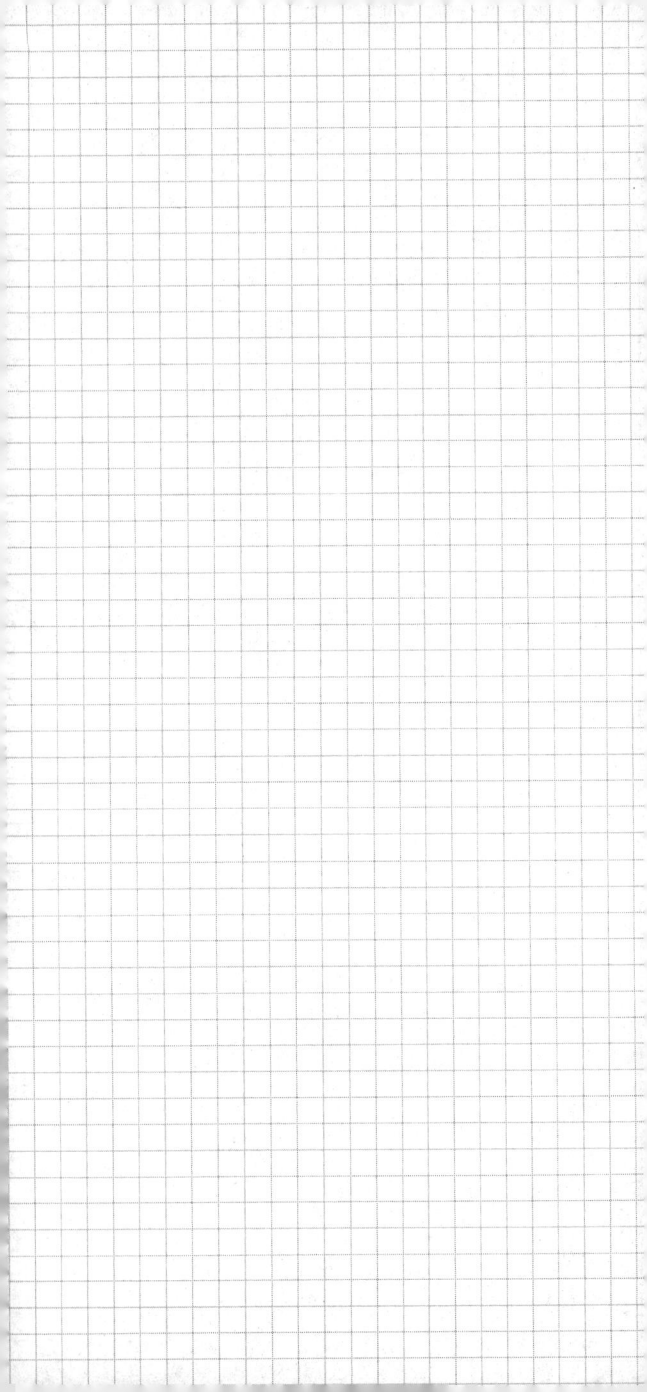

WEEKLY PLANNER

MONDAY	DATE: _____
	Goals:
	1. _____
TUESDAY	*2.* _____
	3. _____
	4. _____
	5. _____
WEDNESDAY	*To do:*
	☐ _____
	☐ _____
THURSDAY	☐ _____
	☐ _____
	☐ _____
FRIDAY	☐ _____
	☐ _____
	☐ _____
	☐ _____
SATURDAY	☐ _____
	Notes:
SUNDAY	_____
	_____
	_____
	_____
	_____

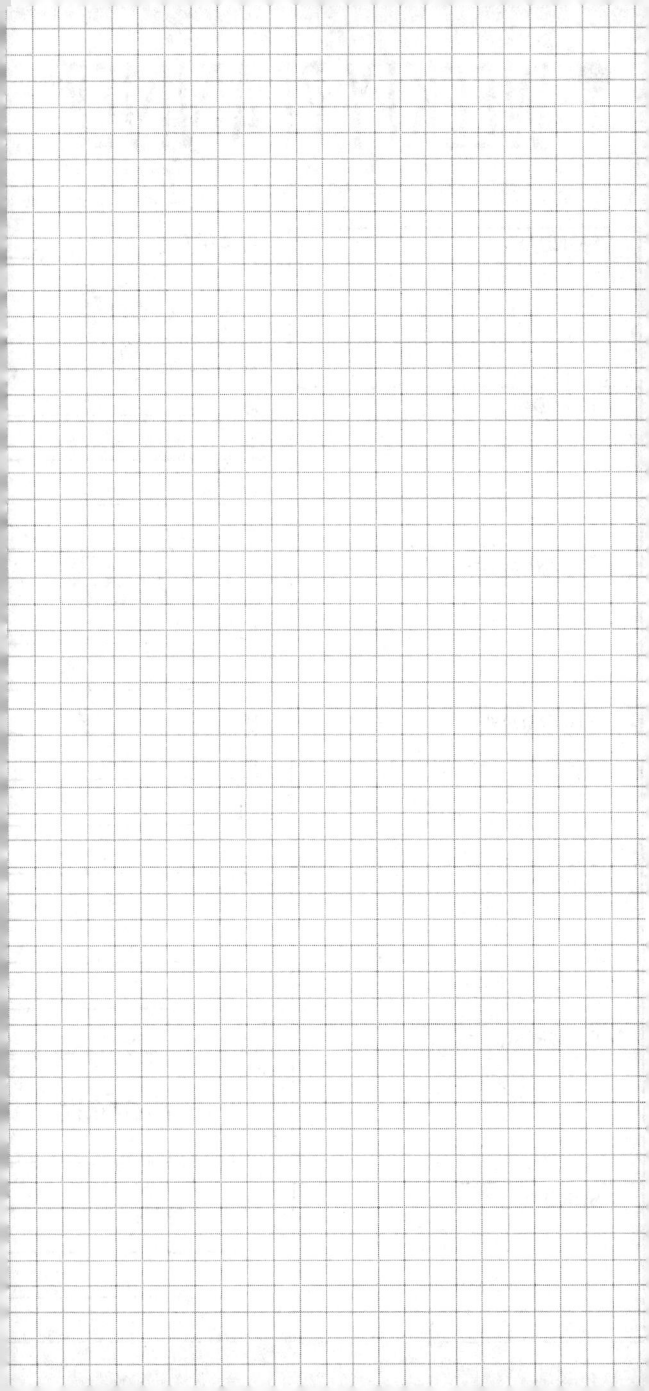

WEEKLY PLANNER

| MONDAY | DATE: _____ |

Goals:

1. _____
2. _____
3. _____
4. _____
5. _____

| TUESDAY |

| WEDNESDAY |

To do:

☐ _____
☐ _____
☐ _____
☐ _____
☐ _____
☐ _____
☐ _____
☐ _____
☐ _____
☐ _____

| THURSDAY |

| FRIDAY |

| SATURDAY |

Notes:

_____
_____
_____
_____
_____

| SUNDAY |

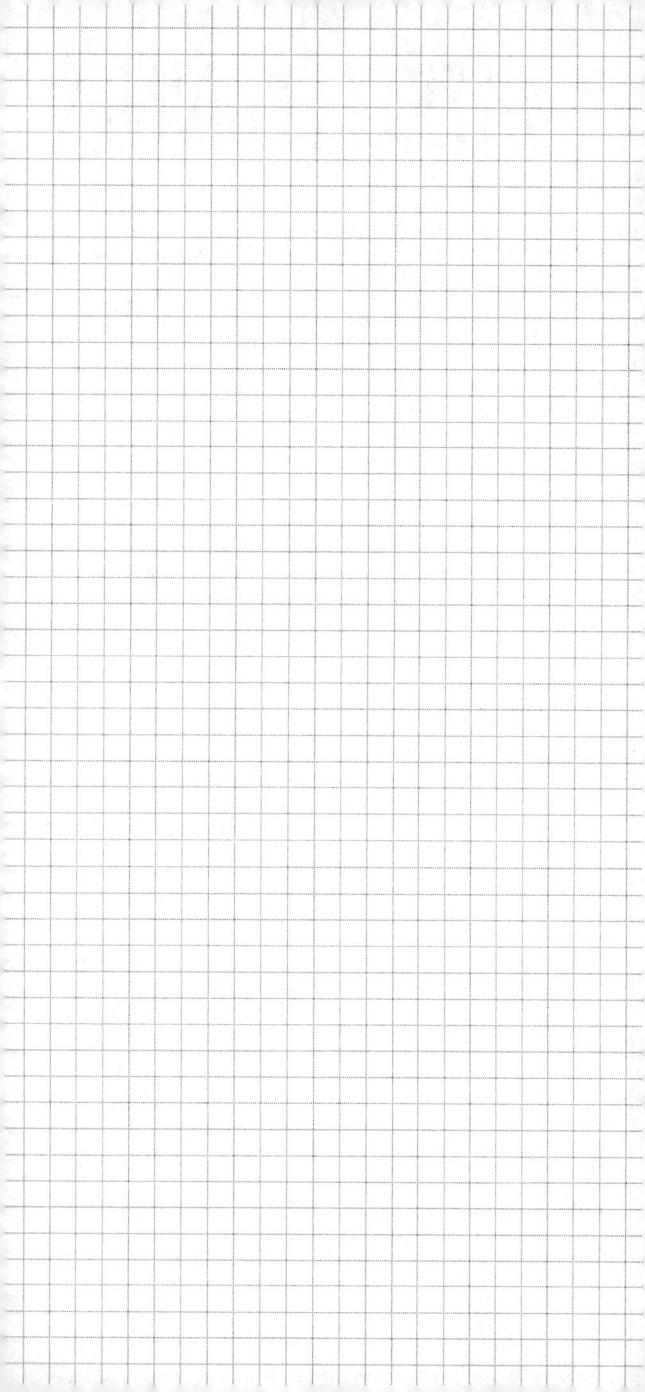

WEEKLY PLANNER

☐ MONDAY

☐ TUESDAY

☐ WEDNESDAY

☐ THURSDAY

☐ FRIDAY

☐ SATURDAY

☐ SUNDAY

DATE: _____

Goals:

1. _____
2. _____
3. _____
4. _____
5. _____

To do:

☐ _____
☐ _____
☐ _____
☐ _____
☐ _____
☐ _____
☐ _____
☐ _____
☐ _____
☐ _____

Notes:

_____
_____
_____
_____
_____

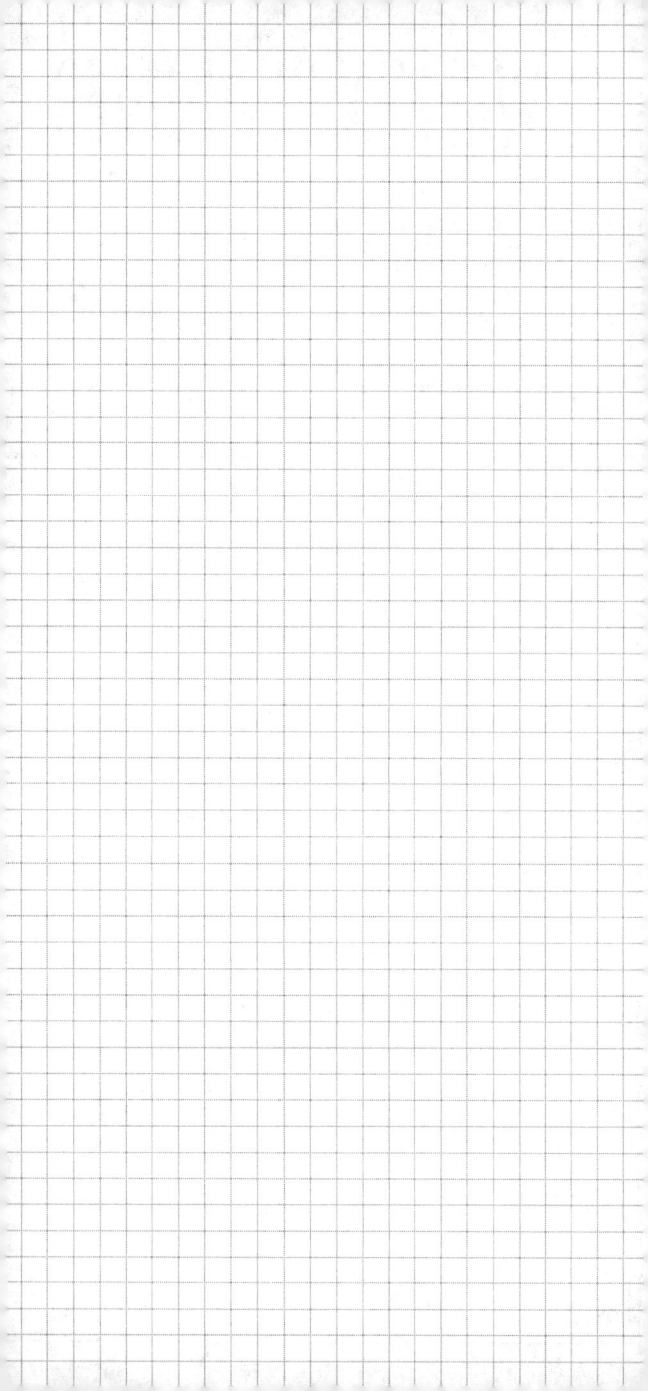

WEEKLY PLANNER

☐ MONDAY

☐ TUESDAY

☐ WEDNESDAY

☐ THURSDAY

☐ FRIDAY

☐ SATURDAY

☐ SUNDAY

DATE: _____

Goals:

1. _____
2. _____
3. _____
4. _____
5. _____

To do:

☐ _____
☐ _____
☐ _____
☐ _____
☐ _____
☐ _____
☐ _____
☐ _____
☐ _____
☐ _____

Notes:

_____
_____
_____
_____
_____

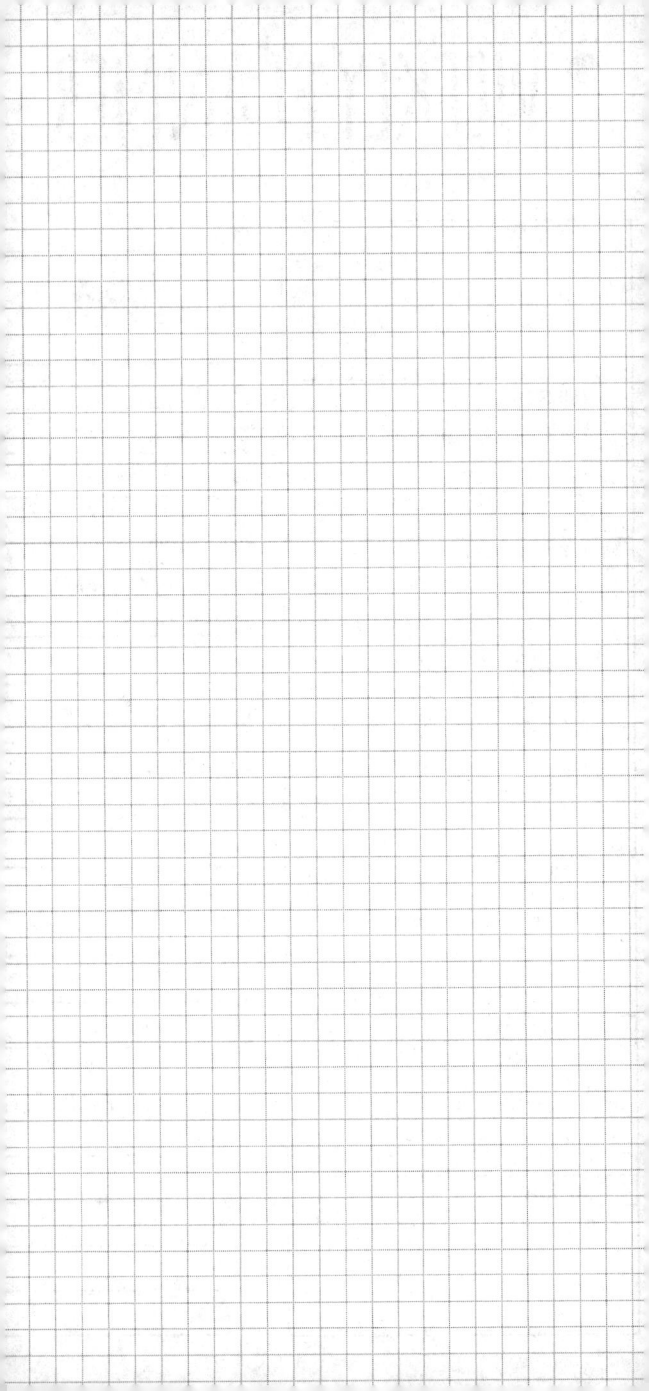

WEEKLY PLANNER

☐ MONDAY

☐ TUESDAY

☐ WEDNESDAY

☐ THURSDAY

☐ FRIDAY

☐ SATURDAY

☐ SUNDAY

DATE: _____

Goals:

1. _____
2. _____
3. _____
4. _____
5. _____

To do:

☐ _____
☐ _____
☐ _____
☐ _____
☐ _____
☐ _____
☐ _____
☐ _____
☐ _____
☐ _____

Notes:

_____
_____
_____
_____
_____

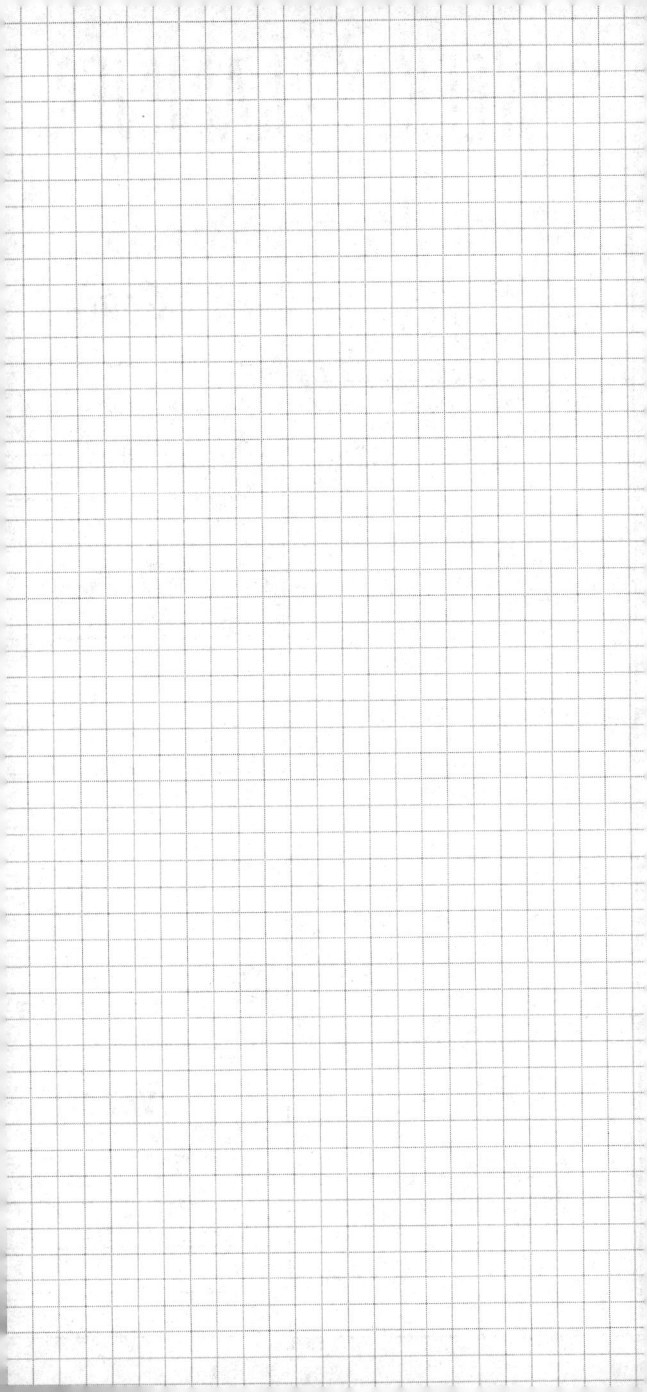

WEEKLY PLANNER

| MONDAY | DATE: _____ |

Goals:

1. _____
2. _____
3. _____
4. _____
5. _____

| TUESDAY |

To do:

☐ _____
☐ _____
☐ _____

| WEDNESDAY |

☐ _____
☐ _____

| THURSDAY |

☐ _____
☐ _____
☐ _____

| FRIDAY |

☐ _____
☐ _____
☐ _____

| SATURDAY |

☐ _____

Notes:

_____
_____

| SUNDAY |

_____
_____
_____

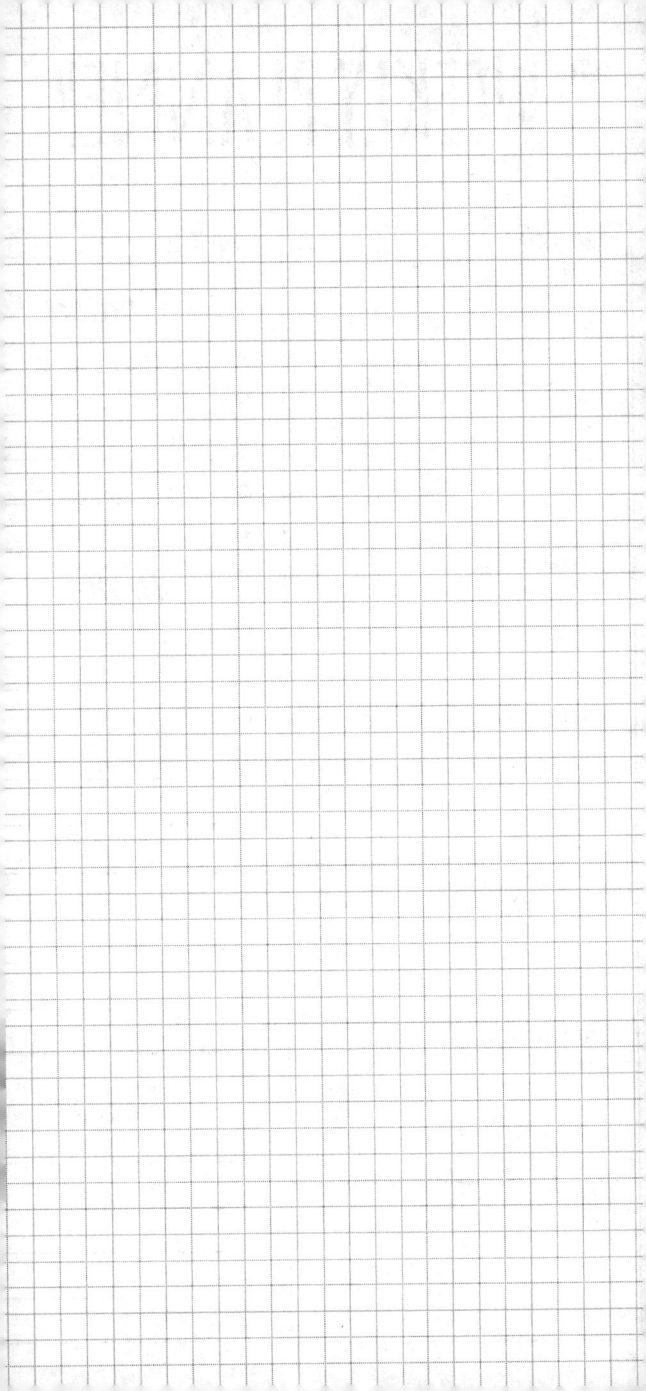

WEEKLY PLANNER

MONDAY

TUESDAY

WEDNESDAY

THURSDAY

FRIDAY

SATURDAY

SUNDAY

DATE: _____

Goals:

1. _____
2. _____
3. _____
4. _____
5. _____

To do:

☐ _____
☐ _____
☐ _____
☐ _____
☐ _____
☐ _____
☐ _____
☐ _____
☐ _____
☐ _____

Notes:

_____
_____
_____
_____
_____

WEEKLY PLANNER

MONDAY

DATE: _____

Goals:

1. _____
2. _____
3. _____
4. _____
5. _____

TUESDAY

WEDNESDAY

To do:

☐ _____
☐ _____
☐ _____
☐ _____
☐ _____
☐ _____
☐ _____
☐ _____
☐ _____
☐ _____

THURSDAY

FRIDAY

SATURDAY

Notes:

_____
_____
_____
_____
_____

SUNDAY

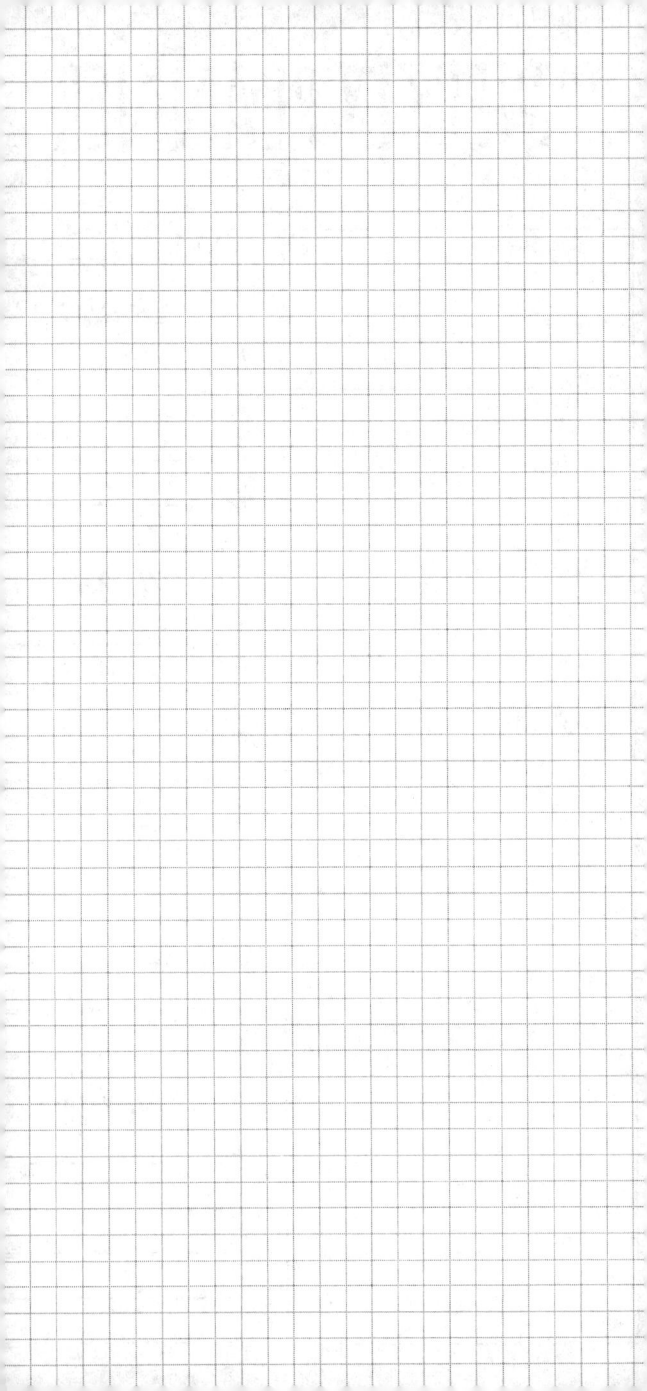

⑱ WEEKLY PLANNER

☐ MONDAY

☐ TUESDAY

☐ WEDNESDAY

☐ THURSDAY

☐ FRIDAY

☐ SATURDAY

☐ SUNDAY

DATE: _____

Goals:

1. _____
2. _____
3. _____
4. _____
5. _____

To do:

☐ _____
☐ _____
☐ _____
☐ _____
☐ _____
☐ _____
☐ _____
☐ _____
☐ _____
☐ _____

Notes:

_____
_____
_____
_____
_____

WEEKLY PLANNER

| MONDAY | DATE: _____ |

Goals:

1. _____
2. _____
3. _____
4. _____
5. _____

| TUESDAY |

| WEDNESDAY |

To do:

☐ _____
☐ _____
☐ _____
☐ _____
☐ _____
☐ _____
☐ _____
☐ _____
☐ _____
☐ _____

| THURSDAY |

| FRIDAY |

| SATURDAY |

Notes:

_____
_____
_____
_____
_____

| SUNDAY |

WEEKLY PLANNER

☐ MONDAY

☐ TUESDAY

☐ WEDNESDAY

☐ THURSDAY

☐ FRIDAY

☐ SATURDAY

☐ SUNDAY

DATE: _____

Goals:

1. _____
2. _____
3. _____
4. _____
5. _____

To do:

☐ _____
☐ _____
☐ _____
☐ _____
☐ _____
☐ _____
☐ _____
☐ _____
☐ _____
☐ _____

Notes:

_____
_____
_____
_____
_____

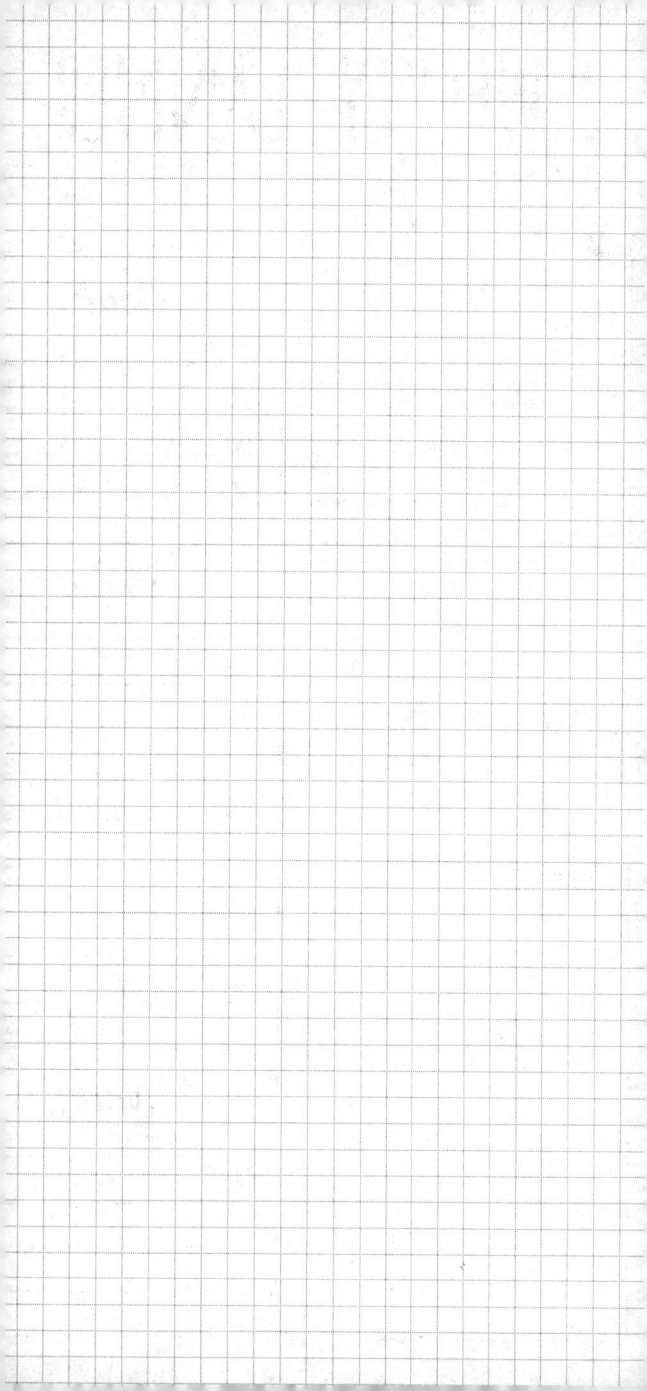

⑮ WEEKLY PLANNER

| MONDAY | DATE: _____ |

Goals:

1. _____
2. _____
3. _____
4. _____
5. _____

| TUESDAY |

| WEDNESDAY |

To do:

- ☐ _____
- ☐ _____
- ☐ _____
- ☐ _____
- ☐ _____
- ☐ _____
- ☐ _____
- ☐ _____
- ☐ _____
- ☐ _____

| THURSDAY |

| FRIDAY |

| SATURDAY |

Notes:

_____
_____
_____
_____
_____

| SUNDAY |

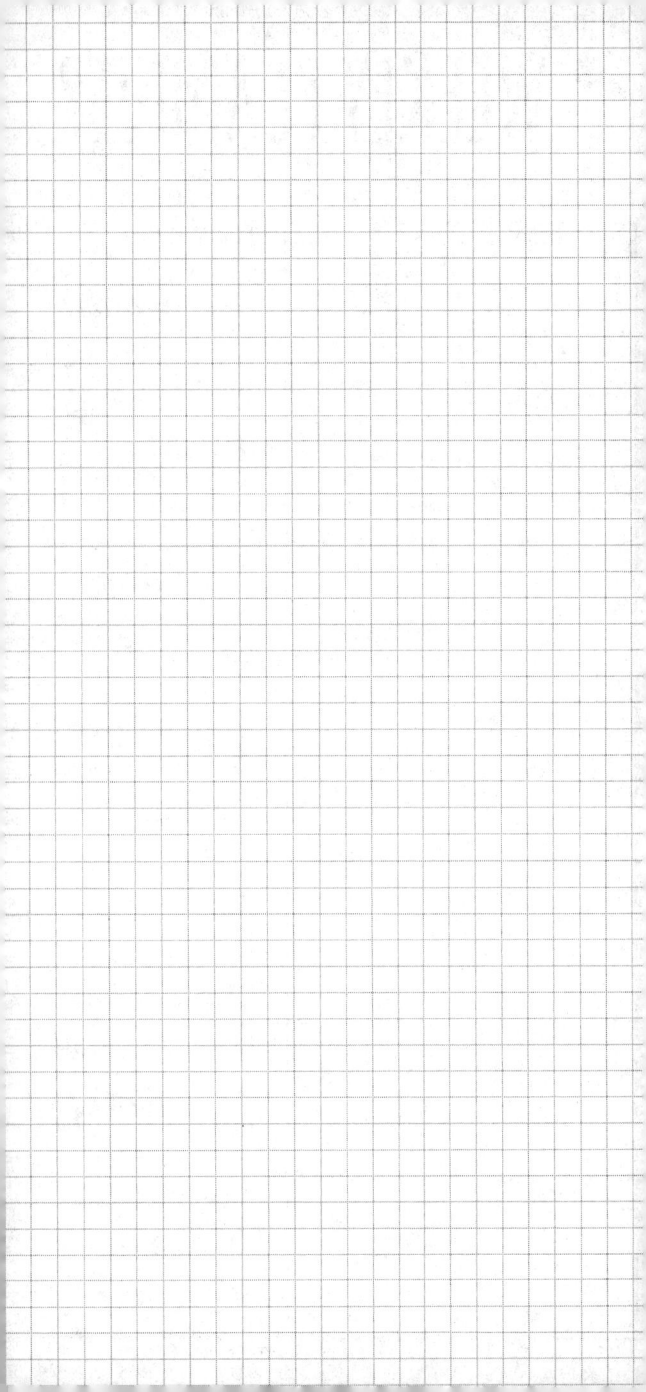

WEEKLY PLANNER

| MONDAY | DATE: _____ |

Goals:

1. _____
2. _____
3. _____
4. _____
5. _____

| TUESDAY |

To do:

- ☐ _____
- ☐ _____

| WEDNESDAY |

- ☐ _____
- ☐ _____
- ☐ _____

| THURSDAY |

- ☐ _____
- ☐ _____
- ☐ _____

| FRIDAY |

- ☐ _____
- ☐ _____

| SATURDAY |

Notes:

_____
_____
_____

| SUNDAY |

_____
_____

夏 Summer

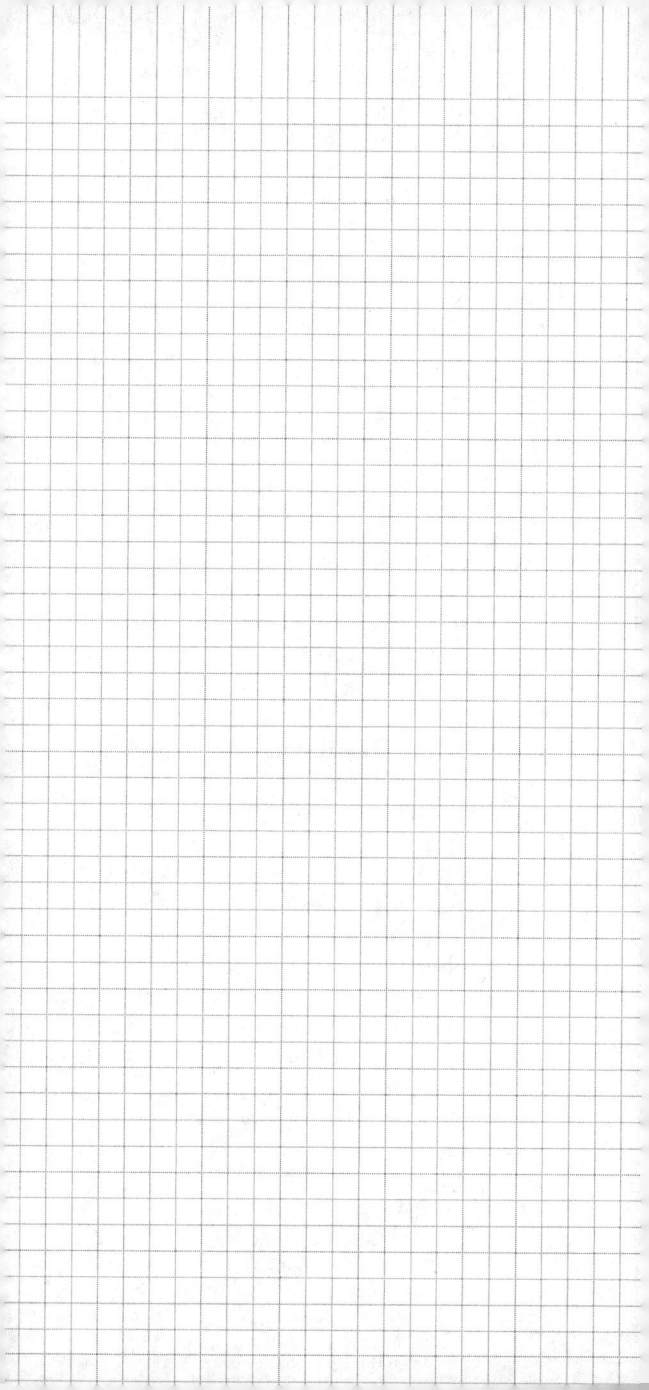

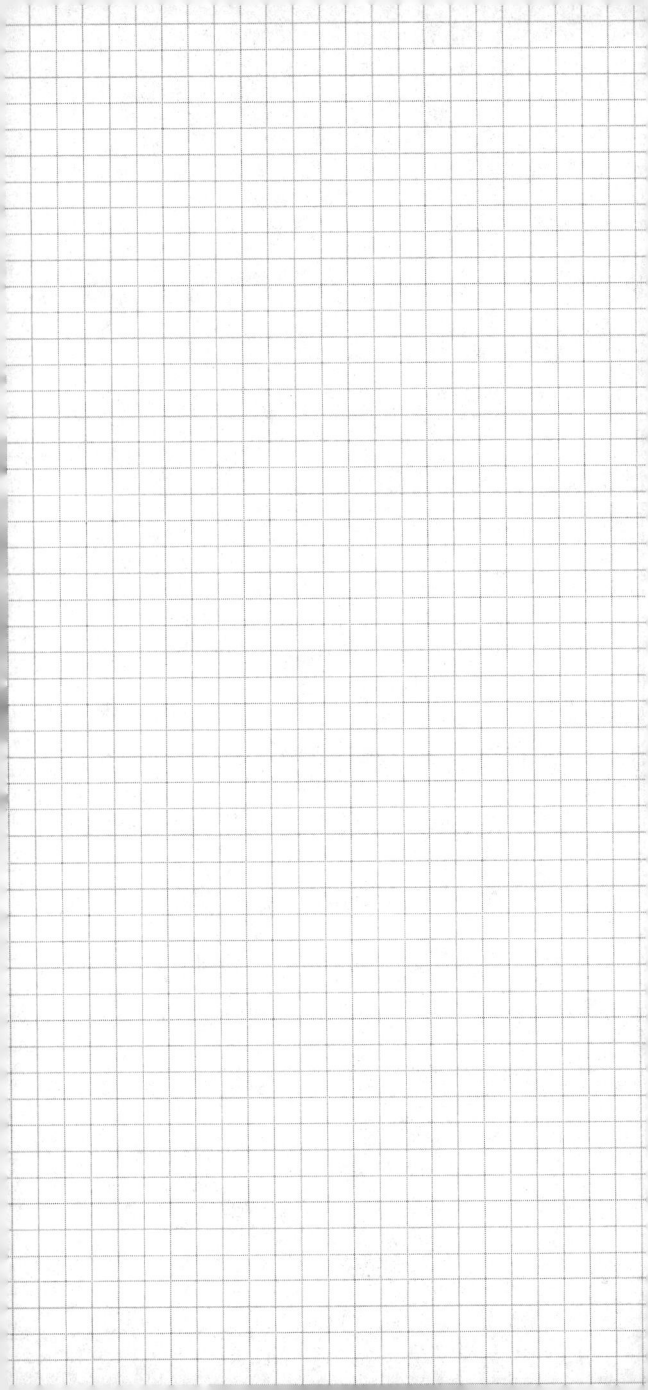

WEEKLY PLANNER

| MONDAY | | DATE: _____ |

Goals:

1. _____
2. _____
3. _____
4. _____
5. _____

| TUESDAY |

To do:

☐ _____
☐ _____

| WEDNESDAY |

☐ _____
☐ _____
☐ _____

| THURSDAY |

☐ _____
☐ _____
☐ _____

| FRIDAY |

☐ _____
☐ _____

| SATURDAY |

☐ _____

Notes:

_____
_____

| SUNDAY |

_____
_____
_____

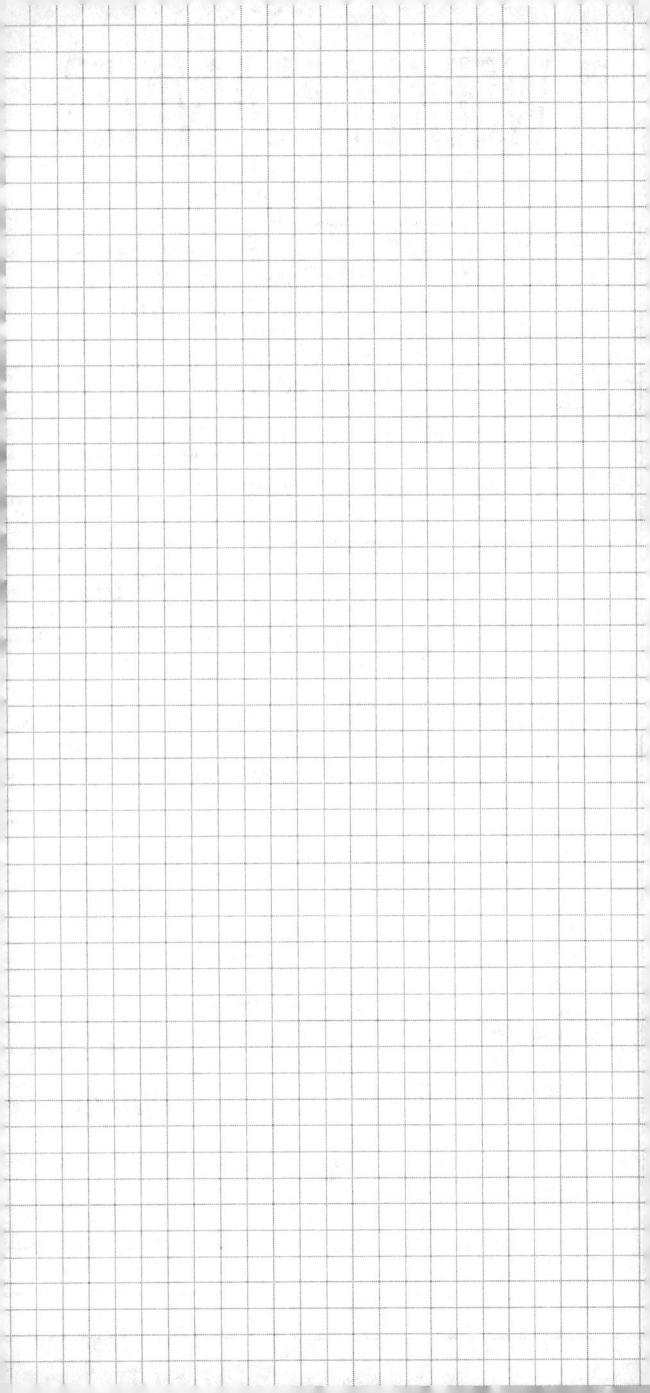

WEEKLY PLANNER

☐ MONDAY

☐ TUESDAY

☐ WEDNESDAY

☐ THURSDAY

☐ FRIDAY

☐ SATURDAY

☐ SUNDAY

DATE: _____

Goals:

1. _____
2. _____
3. _____
4. _____
5. _____

To do:

☐ _____
☐ _____
☐ _____
☐ _____
☐ _____
☐ _____
☐ _____
☐ _____
☐ _____
☐ _____

Notes:

_____
_____
_____
_____
_____

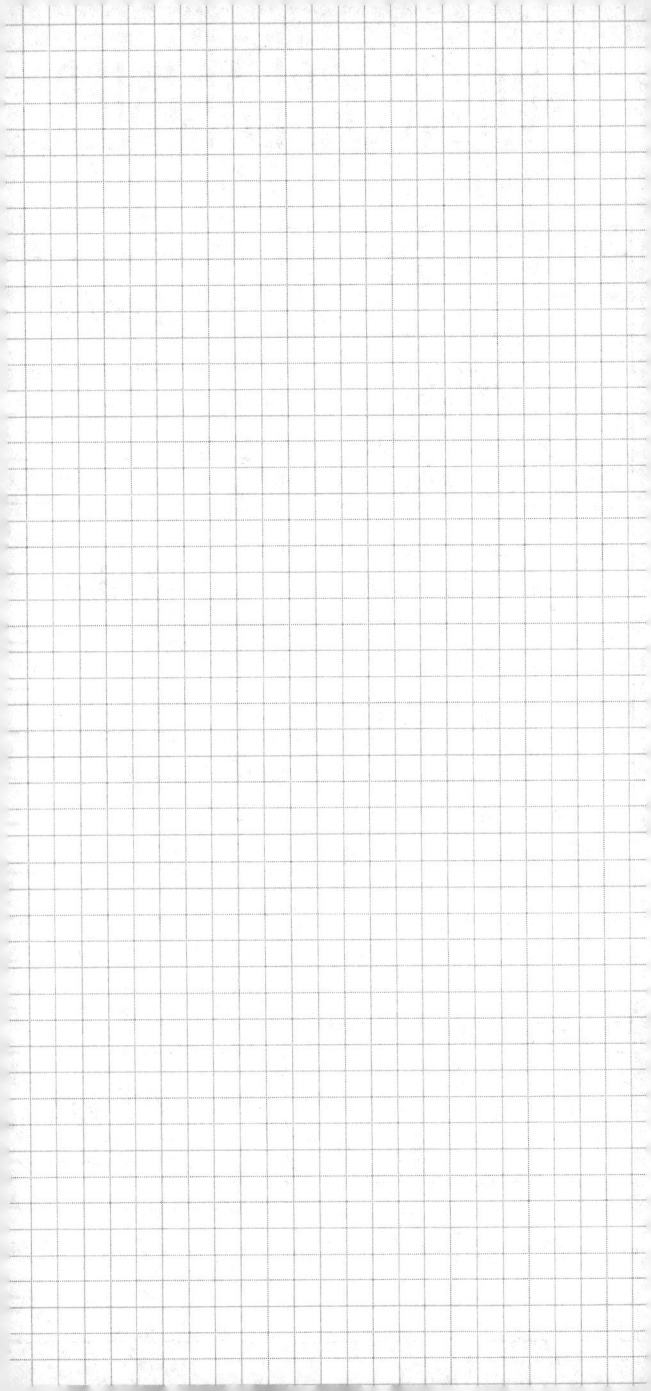

WEEKLY PLANNER

| MONDAY | DATE: _____ |

Goals:

1. _____
2. _____
3. _____
4. _____
5. _____

MONDAY

TUESDAY

WEDNESDAY

THURSDAY

FRIDAY

SATURDAY

SUNDAY

To do:

- ☐ _____
- ☐ _____
- ☐ _____
- ☐ _____
- ☐ _____
- ☐ _____
- ☐ _____
- ☐ _____
- ☐ _____
- ☐ _____

Notes:

_____
_____
_____
_____
_____

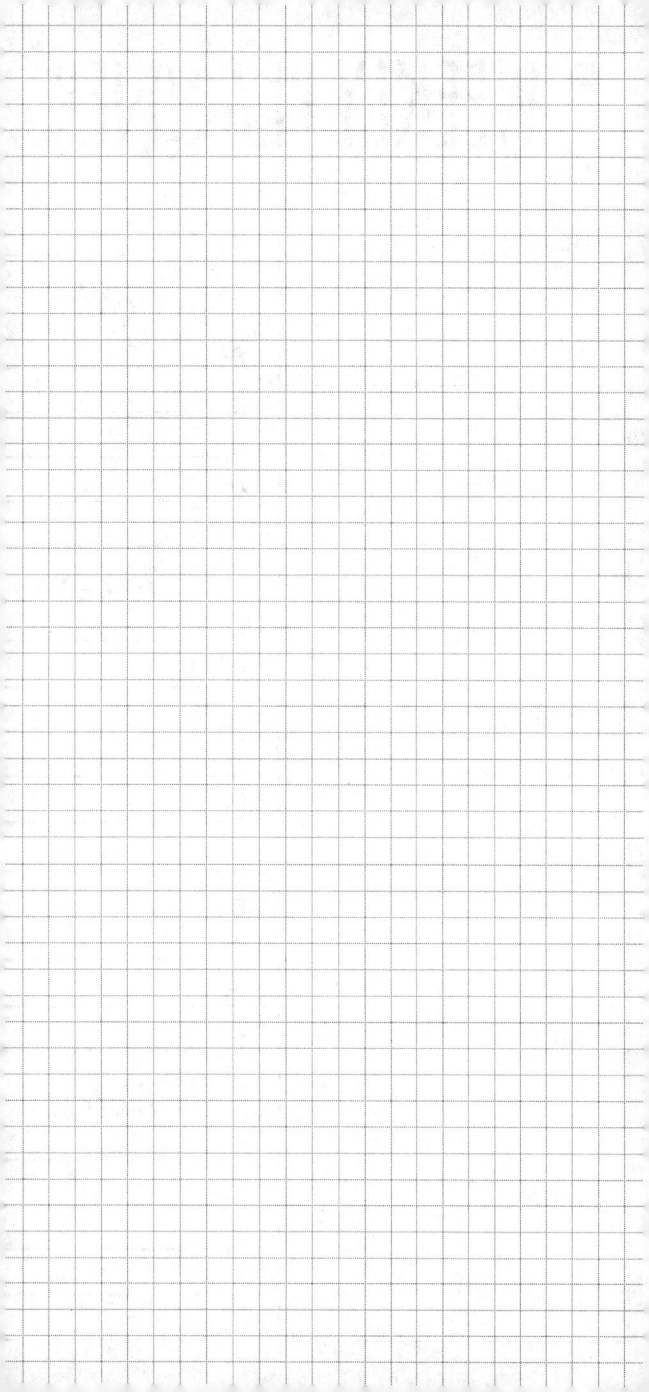

⑩ WEEKLY PLANNER

MONDAY

DATE: _____

Goals:

1. _____
2. _____
3. _____
4. _____
5. _____

TUESDAY

WEDNESDAY

To do:

☐ _____
☐ _____
☐ _____
☐ _____
☐ _____
☐ _____
☐ _____
☐ _____
☐ _____
☐ _____

THURSDAY

FRIDAY

SATURDAY

Notes:

_____
_____
_____
_____
_____

SUNDAY

❾ WEEKLY PLANNER

| MONDAY | DATE: _____ |

☐ MONDAY

☐ TUESDAY

☐ WEDNESDAY

☐ THURSDAY

☐ FRIDAY

☐ SATURDAY

☐ SUNDAY

DATE: _____

Goals:

1. _____
2. _____
3. _____
4. _____
5. _____

To do:

☐ _____
☐ _____
☐ _____
☐ _____
☐ _____

☐ _____
☐ _____
☐ _____
☐ _____
☐ _____

Notes:

_____
_____
_____
_____
_____

WEEKLY PLANNER

☐ MONDAY	DATE: _____
	Goals:
	1. _____
☐ TUESDAY	*2.* _____
	3. _____
	4. _____
	5. _____
☐ WEDNESDAY	*To do:*
	☐ _____
	☐ _____
☐ THURSDAY	☐ _____
	☐ _____
	☐ _____
☐ FRIDAY	☐ _____
	☐ _____
	☐ _____
	☐ _____
☐ SATURDAY	☐ _____
	Notes:
☐ SUNDAY	_____
	_____
	_____
	_____
	_____

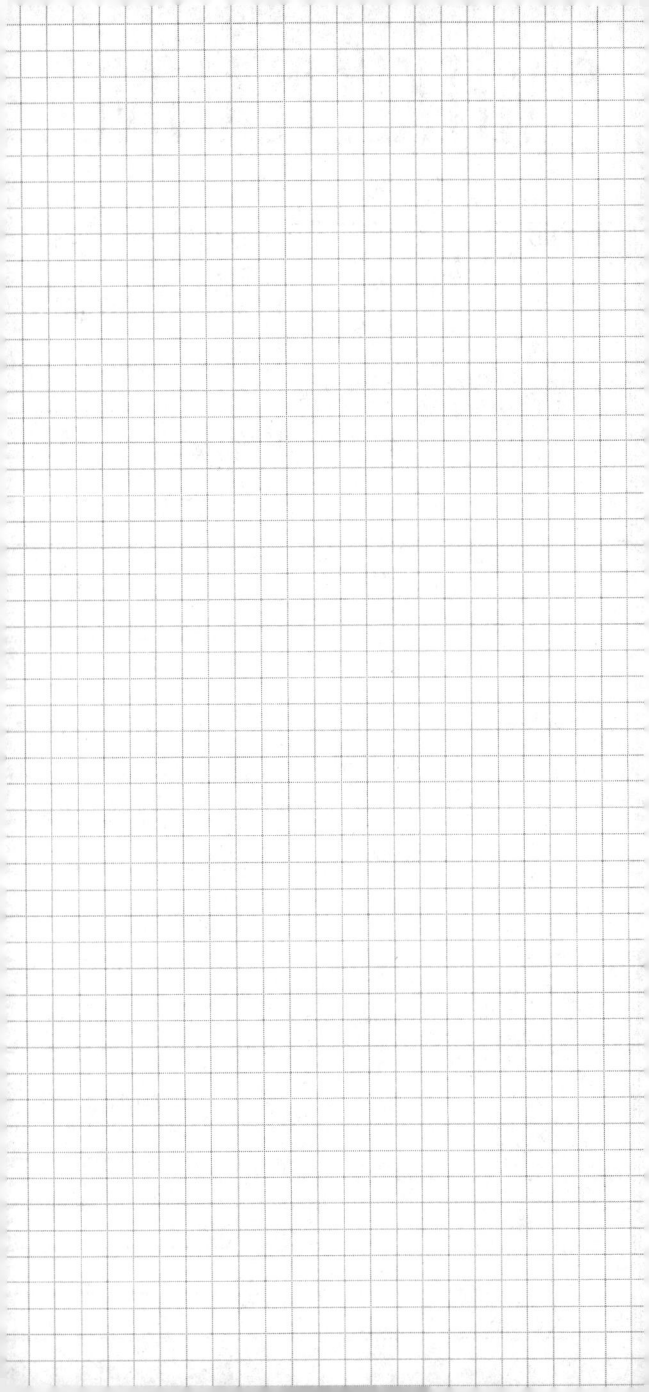

❼ WEEKLY PLANNER

| MONDAY | DATE: _____ |

Goals:

1. _____
2. _____
3. _____
4. _____
5. _____

☐ MONDAY

☐ TUESDAY

☐ WEDNESDAY

☐ THURSDAY

☐ FRIDAY

☐ SATURDAY

☐ SUNDAY

To do:

☐ _____
☐ _____
☐ _____
☐ _____
☐ _____
☐ _____
☐ _____
☐ _____
☐ _____
☐ _____

Notes:

_____
_____
_____
_____
_____

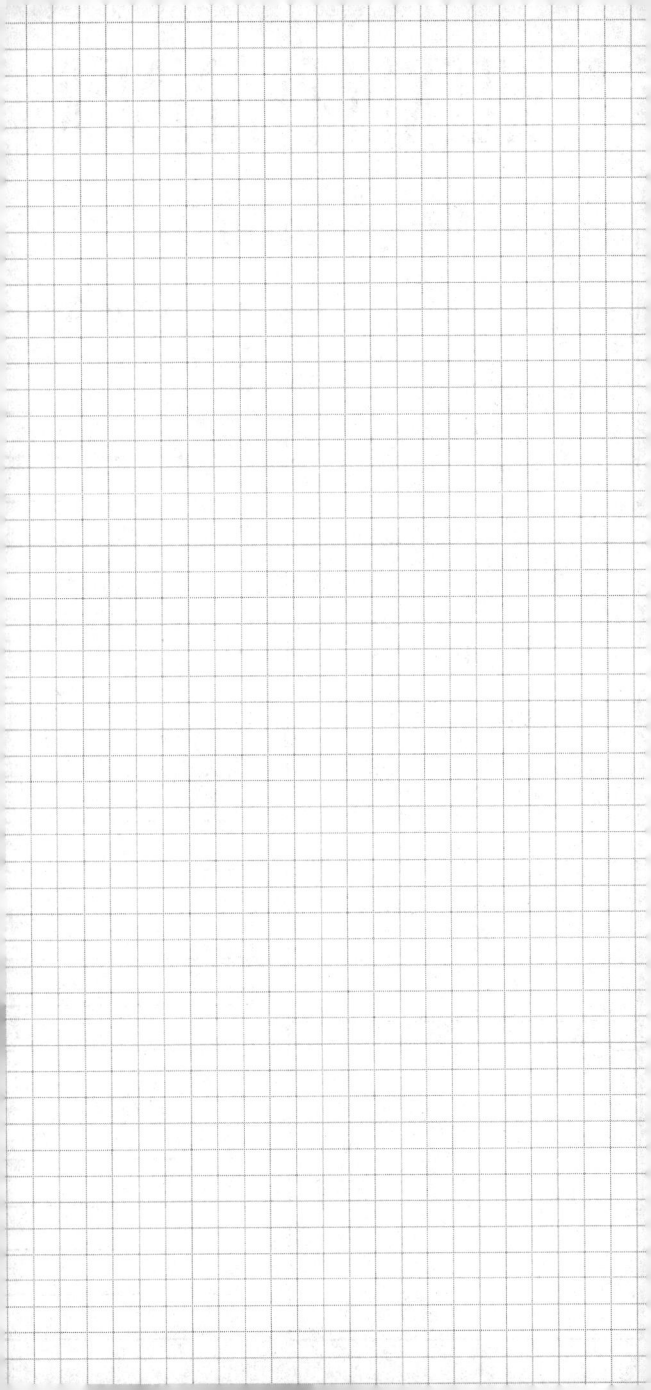

WEEKLY PLANNER

MONDAY

TUESDAY

WEDNESDAY

THURSDAY

FRIDAY

SATURDAY

SUNDAY

DATE: _____

Goals:

1. _____
2. _____
3. _____
4. _____
5. _____

To do:

☐ _____
☐ _____
☐ _____
☐ _____
☐ _____
☐ _____
☐ _____
☐ _____
☐ _____
☐ _____

Notes:

_____
_____
_____
_____
_____

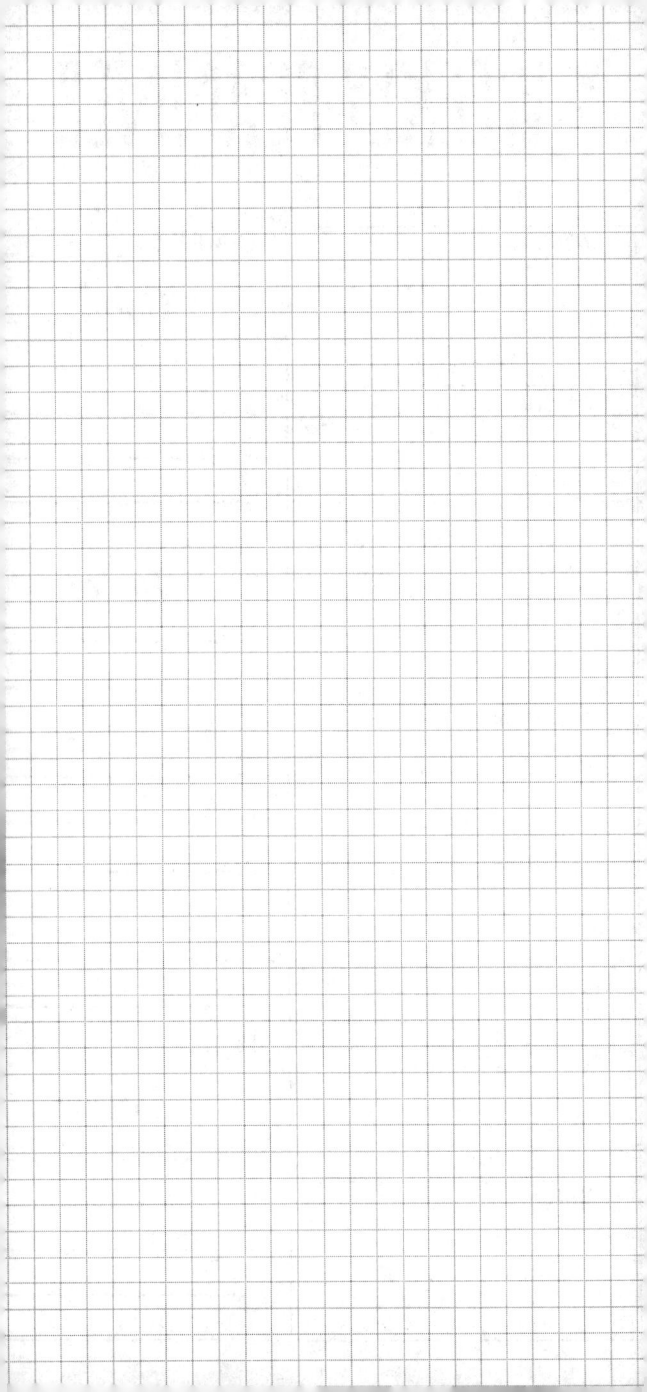

❺ WEEKLY PLANNER

MONDAY	DATE: _____
	Goals:
	1. _____
TUESDAY	2. _____
	3. _____
	4. _____
	5. _____
WEDNESDAY	*To do:*
	☐ _____
	☐ _____
THURSDAY	☐ _____
	☐ _____
	☐ _____
FRIDAY	☐ _____
	☐ _____
	☐ _____
	☐ _____
SATURDAY	☐ _____
	Notes:
SUNDAY	_____
	_____
	_____
	_____
	_____

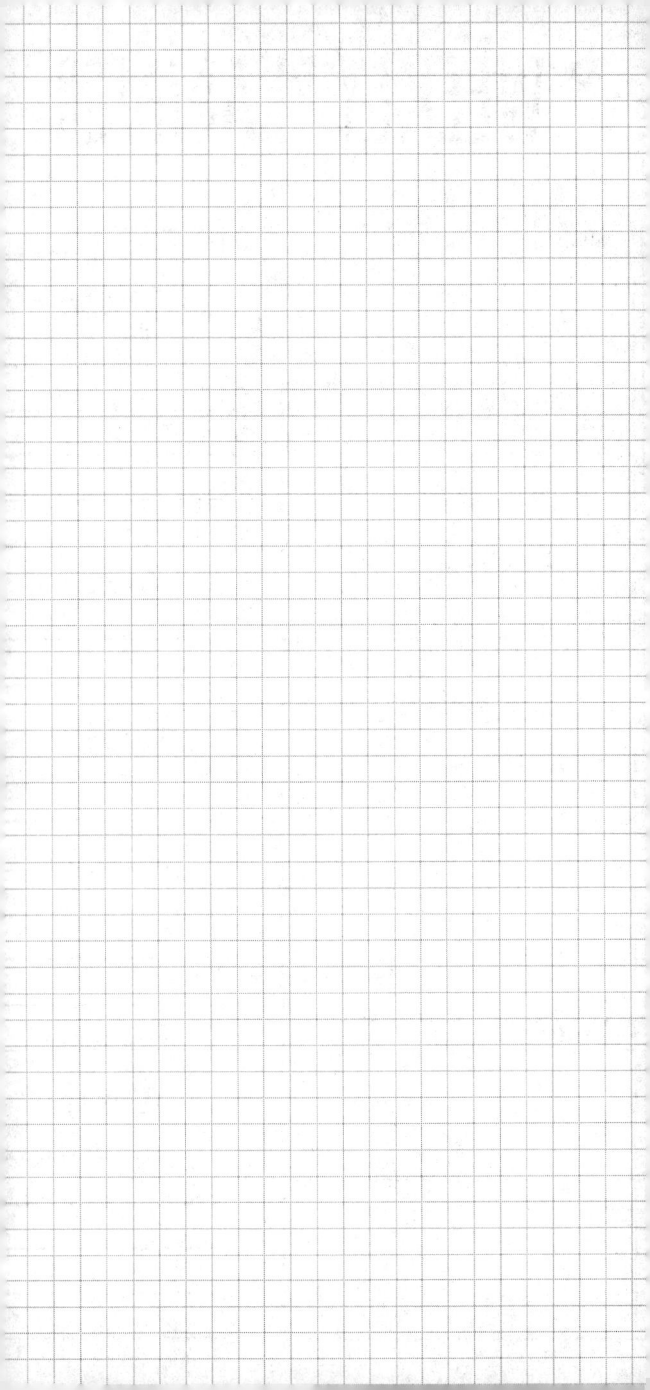

❹ WEEKLY PLANNER

☐ MONDAY	DATE: _____
	Goals:
	1. _____
☐ TUESDAY	2. _____
	3. _____
	4. _____
	5. _____
☐ WEDNESDAY	*To do:*
	☐ _____
	☐ _____
☐ THURSDAY	☐ _____
	☐ _____
	☐ _____
☐ FRIDAY	☐ _____
	☐ _____
	☐ _____
	☐ _____
☐ SATURDAY	☐ _____
	Notes:
☐ SUNDAY	_____
	_____
	_____
	_____
	_____

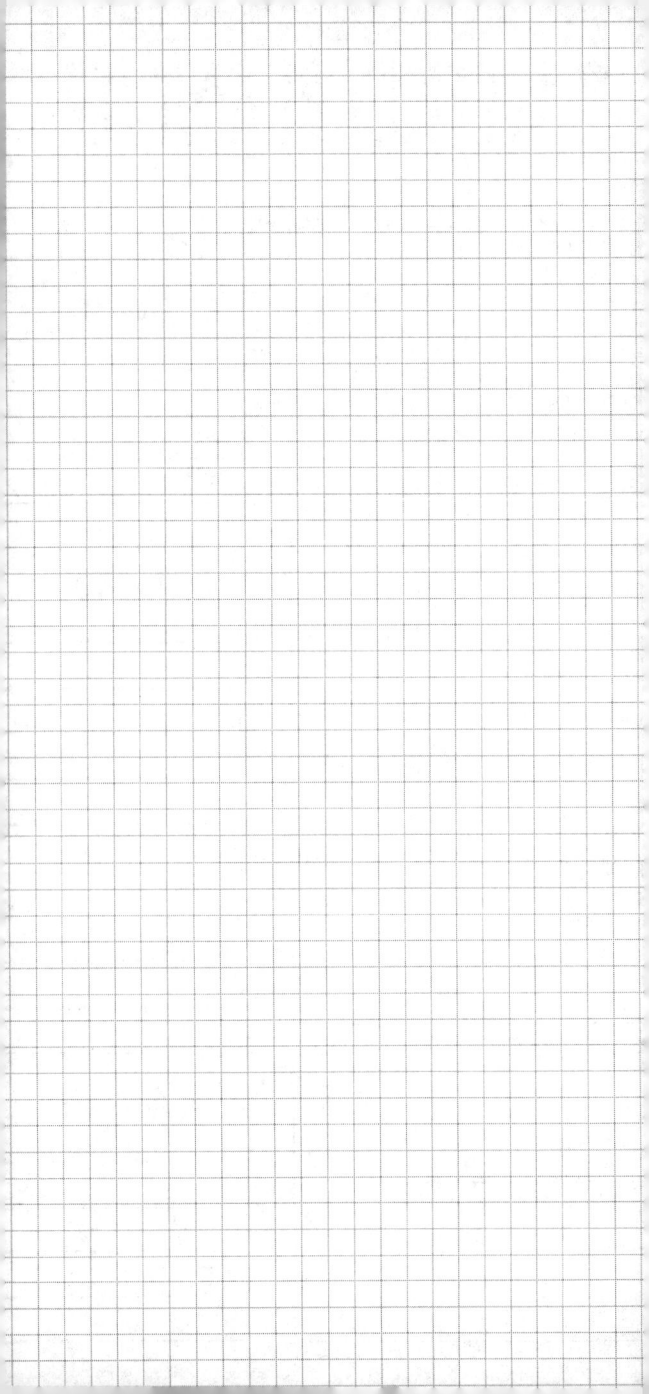

❸ WEEKLY PLANNER

MONDAY	

DATE: _____

Goals:

1. _____
2. _____
3. _____
4. _____
5. _____

TUESDAY	

To do:

☐ _____
☐ _____

WEDNESDAY	

☐ _____
☐ _____
☐ _____

THURSDAY	

☐ _____
☐ _____
☐ _____

FRIDAY	

☐ _____
☐ _____

SATURDAY	

Notes:

_____
_____

SUNDAY	

_____
_____
_____

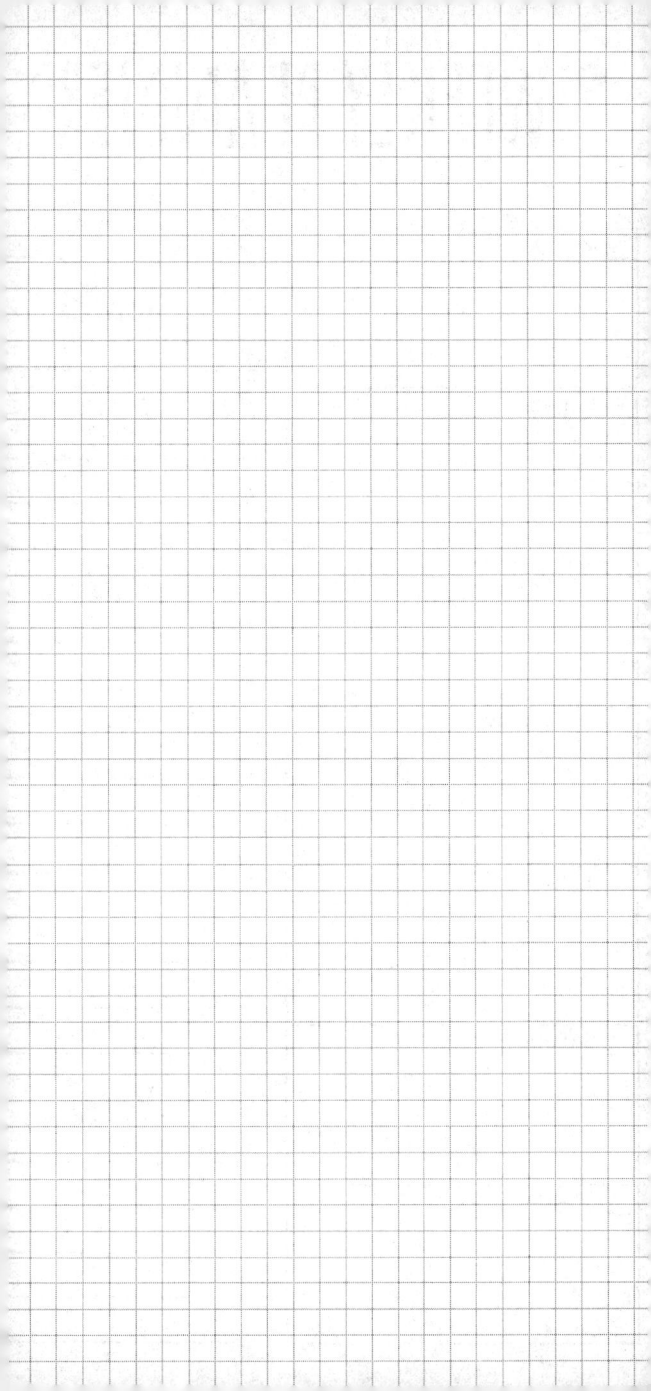

❷ WEEKLY PLANNER

☐ MONDAY

☐ TUESDAY

☐ WEDNESDAY

☐ THURSDAY

☐ FRIDAY

☐ SATURDAY

☐ SUNDAY

DATE: _____

Goals:

1. _____
2. _____
3. _____
4. _____
5. _____

To do:

☐ _____
☐ _____
☐ _____
☐ _____
☐ _____
☐ _____
☐ _____
☐ _____
☐ _____
☐ _____

Notes:

_____
_____
_____
_____
_____

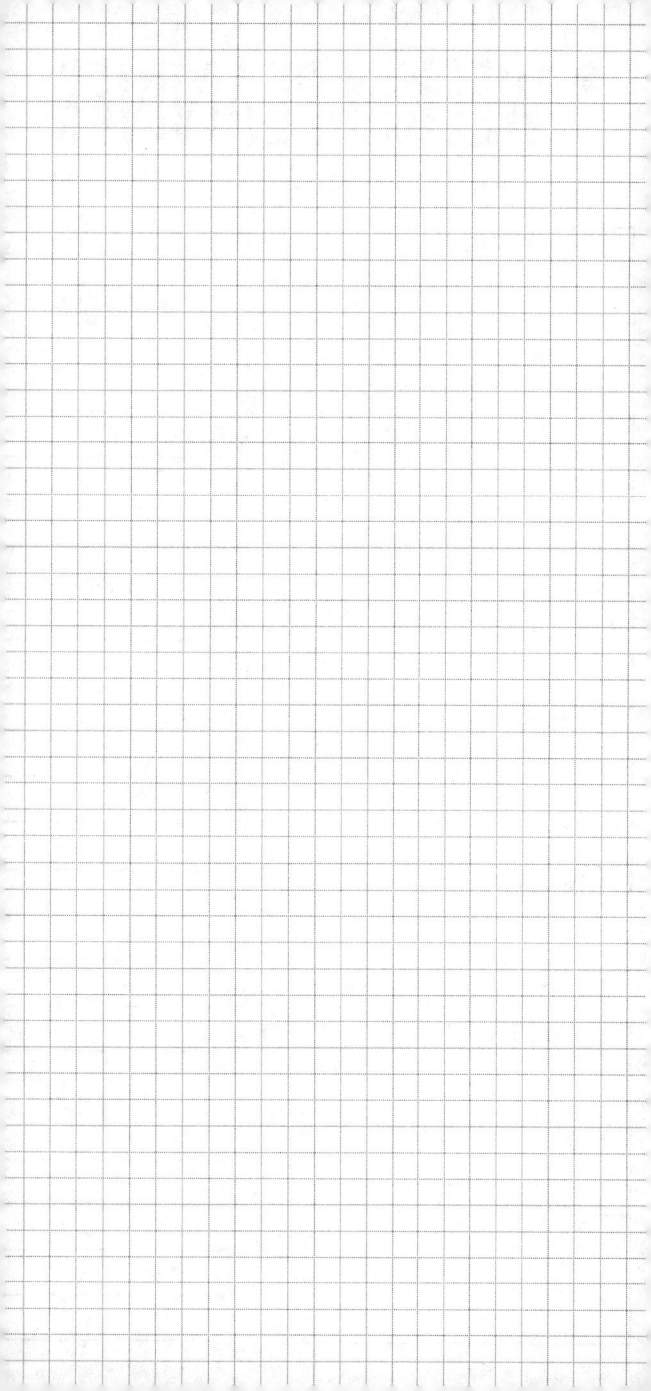

• WEEKLY PLANNER

☐ MONDAY

☐ TUESDAY

☐ WEDNESDAY

☐ THURSDAY

☐ FRIDAY

☐ SATURDAY

☐ SUNDAY

DATE: _____

Goals:

1. _____
2. _____
3. _____
4. _____
5. _____

To do:

☐ _____
☐ _____
☐ _____
☐ _____
☐ _____
☐ _____
☐ _____
☐ _____
☐ _____
☐ _____

Notes:

_____
_____
_____
_____
_____

春 Spring